모세오경의 교육론

우리는 어디서 왔는가?
어떻게 세상 속에 살아가는가?

모세오경의 교육론

| 한만봉 · 김두흠 · 김덕성 지음 |

Education of Five Books Moses

한국학술정보㈜

머리말

 이 책은 일반인, 학부모, 대학생 모두가 알아야 할 모세오경에 대해서 알기 쉽게 다루었다. 모세오경을 '모세오서(五書)'라고도 한다. 또 유대교에서는 이를 율법·토라·펜타 튜크 등으로 부르기도 한다. 본래 모세가 쓴 것으로 여겨 왔기 때문에 '모세오경'이라고 불렀는데, 지금은 많은 자료를 바탕으로 몇 사람이 편집한 것임이 밝혀졌다. 그러나 그 주인공은 모세이며, 그 정신이 전체에 일관되게 나타나고 있어 '모세오경'이라는 호칭이 그 의미를 상실하는 것은 아니다. 거의 600년이라는 긴 역사의 흐름 속에서 단계적으로 이루어져 있고, B.C. 400년경에야 결집이 완성된 것으로 보고 있다. 이러한 모세오경을 알기 쉽고 이해하기 쉽게 기록하였다. 일반적으로 구약성경 하면 어렵고, 지루하고, 고리타분한 옛이야기에 불과하며, 법조문과 규칙만 난무하는 그런 책으로 사람들은 알고 있다. 그리고 어떤 목회자는, 이 시대는 예수님 시대이니까 구약은 폐기된 것이고 쓸모가 없는 것이라고 하면서 1년에 겨우 몇 번만 설교주제로 삼기도 한다. 그러나 이것은 잘못된 것이다. 기초가 없이 어떻게 큰 건물이 설 수 있으며, 전통이 없이 어떻게 유구한 인류가 이어져 오겠는가. 그러므로 과거 하나님이 말씀하신 전통은 중요한 의미를 가진다. 설교에서도 구약을 자주 인용하여야 할 것이며, 그것을 신약과 연관선상 안에서 이해하며 가르쳐야 할 것이다. 성경은 모든 것이 짝으로 구성되어 있고, 아귀가 꼭 들어맞는다고 하였듯이, 구약과 신약을 제대로 알아야 바른 신앙, 바른 신학이 정립될 것이며 하나님 뜻에 합당한 말씀을 전파하게 될 것이다. 우매한 신앙인을 양산하여서도 안 되며, 덮어놓고 믿게 하여서도 안 된다. 이제는 열어 놓고 믿고, 펼쳐서 오묘한 비밀을 믿는 사람들이 나누어야 할 때가 온 것이다.

  이 책을 내는 데 있어 학문적으로 단련시켜 주고 격려와 충고를 해 준 고려대학교, 성균관대학교 스승님들께 감사를 드린다. 그리고 자유로이 학문하는 분위기를 마련해 준 혜전대학에 깊이 감사한다. 그리고 정보 제공과 도움을 준 공주대학교 산업과학대학원 석사과정 조명연 선생님, 미래에셋 FC 장석숙 선생님, 흥농원 조복화 선생님, 신화그룹의 박명순 선생님, 홍성군청 사회복지과 주사 최선희 선생님께도 감사를 드린다. 이 책을 통하여 모세오경에 대해 좀 더 깊이 이해하는 계기가 되었으면 한다.

2008년 9월
고려대학교 중앙도서관에서
한만봉

차 례

I.

모세오경의 이해

1. 모세오경의 개념정의

흔히들 교회 다니시는 분들은 모세오경을 모세가 썼다고들 한다. 그런데 이러한 통설에 대한 최초의 의문은 이미 17세기부터 싹트기 시작한다. Richard Simon과 Baruch Spinoza가 그들이다. 이들은 모세오경이 반복과 모순에 찬 글들로 가득 차 있다고 보았다. 어느 한 사람이 썼다고 보기 힘들 정도로 말이다. 이후 Jean Astruc은 창세기에 서신을 지칭하는 단어가 '엘로힘'과 '야훼 엘로힘' 이렇게 둘이라는 것을 발견하였다. 즉 창세기 1장의 창조에는 엘로힘, 2장의 창조에는 야훼 엘로힘이 쓰이고 있다는 것이었다(아시다시피 창세기에는 창조에 대한 이야기가 두 개 있다.). 아울러 이들 1, 2장이 신을 지칭하는 단어뿐 아니라 그 문체에서도 상이함을 발견한다. Astruc은 모세가 상이한 두 문서를 합해 창세기에 실었다고 보았다. 이러한 Astruc의 학적연구가 근대에 와서 마침내 그 유명한 JEPD 설의 기초가 된다. 우선 야훼라는 신의 호칭을 쓰는 문서를 J(the Yahwist source)라고 한다. 이는 야훼에 대한 독일어 표기인 Jahve 에서 나온 말이다. Y라고도 한다. 신을 엘로힘이라고 부르는 문서

중에서도 각기 다른 관점을 지니고 글을 쓴 두 부류를 본다. 족보, 의례, 법 등 사제적 관심을 가진 이들이 쓴 문서를 P라고 부른다 (the Priestly source). 반면 엘로힘을 신의 명칭으로 쓰되 야곱, 모세 등에 관한 이야기나 역사구술에 관심을 지닌 저자가 쓴 글들을 우리는 E 문서(the Elohist source)라고 한다. 모세오경 중 신명기는 다른 부분들과 전혀 다른 관심을 보이고 있음을 우리는 알아야 한다. 이들을 D 문서(the Deuteronomist source)라고 한다. 단순한 예를 들자면 인간창조(창세기 2), 에덴동산에 관한 이야기(3), 가인의 죄에 관한 이야기(4)들은 J 문서, 세계창조(창세기 1)는 P 문서로 본다. 또한 노아의 홍수 이야기(6 – 9)는 J와 P가 한데 섞여 있다고 보고 있다. 즉 모세오경은 모세가 쓴 게 아니라 각기 다른 관심을 지닌 사람들이 쓴 글들이 한데 모인 것이라고 보면 무난할 것이다.

그러나 이와는 반대로 전적으로 모세가 기록한 것이라는 생각을 가진 이론들도 있다. 아래 주장은 이와 같은 것을 밝히 보여 주고 있다.

신앙의 역사로서의 성서는 존재한다. 모세오경 중 창세기는 성경에서 제일 중요한 기록이다. 구전으로 전해 오던 기사를 포함하여 모세 때에 와서 문자로 기록되게 됐다. 신구약 전체의 증거와 교회사 그리고 유대교와 예수교 모두가 모세가 저자라고 말하기도 한다. 모세는 일반 학식으로도 애굽의 학술을 습득한 사람이다(사도행전 7:22). 오늘날 모세의 저자임을 부인하는 자들을 자유주의자라고 하기도 한다. 바빙크의 말대로 성경은 '독자적 신임성'(아우토 피스토스)이다.

<모세의 기록이라는 성경 증거>

1. 오경 자체의 증거
출 17:14, 24:4, 34:27. 민 33:2. 신 31:9.

2. 구약의 증거
수 1:7 – 8.8:32, 22:5. 왕상 2:3. 왕하 14:6, 21:8. 스 6:18. 단 9:11 – 13. 말 4:4.

3. 예수님의 증거
마 8:4, 19:7 – 8. 막 1:44, 7:10, 10:3 – 5, 12:26. 눅 5:14, 16:29 – 31, 24:44. 요 1:17, 5:46 – 47, 7:19.

4. 제자들의 증거
요 1:45. 롬 10:5.

식민지 시대 사람이 아니고는 알 수 없는 것들이 기록돼 있다. 목격자가 아니고는 쓸 수가 없는 내용들(창 13:10, 16:1 – 3, 33:18, 41:43).

창세기의 역사성을 부인하면, 1. 우연(chance)을 믿게 되고, 2. 짐승을 조상으로 믿게 되고(태양, 자연숭배), 3. 인간의 진화를 믿게 된다. 오경은 인간의 근원과 구원에 대한 것을 말하고, 구원을 위해 메시아가 필요함을 예언하였다.

특히 출애굽기는 이스라엘 민족을 애굽에서 인도하면서 영적인 의미의 어린양 예수를 나타내는 유월절 사건이 있으며, 역사 속에서 하나님이 어떻게 역사하는지를 나타내 주는 것이 오경이다. 하나님의 영감으로 기록된 오경이 아니면 아무도 인간의 출처와 우주 그리고 죽음의 원인이나 구원자 메시아를 알 수가 없었을 것이다. 구약성서에서 오경은 예언서와 성문서보다 중요한 위치를 차지한다. 그 이유는 중요한 문제에 대한 답을 찾으려는 노력과 하나님(여호와) 신앙에 대한 대상이 제시되고 있다는 데 둘 수 있다. 내가 누구인가? 우리는 누구인가? 우리는 어디서 왔는가? 어떻게 세상 속에 살아가는가? 근본적이고 궁극적인 문제에 대하여 오경은 대답하고 있다. 그래서 오경은 구약의 맨 처음에 위치하면서 하나님의 가르침[오경, 토라(Torah)]을 말하고 있다. 오경이란 말이 히브리어로 토라(Torah)인데, 이 말은 야라(yarah, 가르치다)에서 나온 말로서 가르침이란 말이다. 이 오경이 번역되는 과정에서 율법(the Law)이란 말이 되었다. 그래서 외형적인 형태는 하나님의 법으로서 오경을 말하고, 내용적인 면에서는 이스라엘 백성을 향한 하나님의 가르침이 오경이 뜻하는 바가 되는 것이다. 오경은 이스라엘 백성의 기원에 대하여 말하고 있다. 넓은 맥락으로 우주적인 맥락에서 그 기원을 시작한다. 창세기(Genesis)는 바로 세계 창조와 인간 창조의 이야기를 말한다. 하나님이 한 가정을 선택하고, 아브라함을 선택하고, 이삭, 야곱, 요셉을 선택하신 이야기가 기록되어 있다. 출애굽기(Exodus)는 이집트에 거한 아브라함, 야곱의 후손들이 번성하여 요셉을 모르는 바로 왕에게 핍박을 받는 이야기에서 모세가 선택되고, 출애굽 하는 이야기가 기록되어 있다. 여기서 야훼의 이름이 세상에 알려지고, 이스라엘과 계약을 맺는 이야기가 나온다. "나는 그들의 하나님이 되고 그들이 나의 백성이 될 것이다." 그리고 회막과 계약 법궤가 하나님이 임재하는 상징으로 구성된다. 레위기(Leviticus)는 거룩을 강조하는 책으로서 이스라엘 백성이 되려면 하나님이 거룩하기 때문에 하나님의 백성이 거룩하여야 함을 강조한다. 그래서 출애굽에서 시작한 계약법이 많은 희생제사, 축제, 제사장과 관련한 규정들과 거룩의 규정들이 나타난다. 민수기(Numbers)는 백성들이 광야를 지나면서 지파의 수나 조직을 정비하는 것으로 시작한다. 그들은 광야에서 40년간을 방랑하면서 하나님과 모세에게 대적하면서 징벌을 받는 이야기가 나온다. 마지막, 신명기(Deuteronomy)는 이스라엘 백성이 약속의 땅에 들어가기 직전, 요단강에서 멈춰 있는 이야기이다. 이 책은 3개의 모세의 긴 연설로 구성되어 있다. 여기서 모세는 하나님의 구원 행위를 회상하면서 이스라엘 백성들에게 토라의 말씀에 순종하기를 촉구한다. 그리고 모세가 마지막 고별 연설을 하고 죽는 것으로 이야기가 끝난다. 오경은 창조의 이야기와 후손에 대한 약속으로 시작한다. 그리고 애굽에서 압박받는 이야기가 뒤따르고 야훼가 구원하신다. 그리고 광야에서 방황하고 마침내 약속의 땅에 들어갈 준비를 하는 이야기로 구성되어 있다. 주요한 중심의 위치에는 시나이산 체류 이야기(출 19-민 10)가 있다. 이 이야기는 백성들이 모세의 지도력으로 야훼와 계약을 맺고, 토라를 수여받는 이야기이다.

1.1. 오경의 신학

- 창조 신학
- 출애굽의 신학
- 약속의 신학
- 계약 신학

1.2. 오경의 구약인과 현대인

오경의 구약 사람들은 누구인가? 오경에 나타난 구약인들은 히브리인(Hebrew)으로서 방랑하는 사람들이었다. 폰라트나 마틴노트와 같은 구약학자가 말하는 소역사신조(a Historical Credo, 신 6, 26, 수 24장)에 보면, 족장들은 바로 유리하는 아람(Aram)사람으로서 유목민이었다. 그러다가 요셉 시대가 되어 애굽에서 고센 지역에 정착하여 살다가 후손들이 많아져서 출애굽을 할 때는 장정만 60만이 되었다. 이때에 이스라엘은 역사 동체로서 중다한 잡족(Multiethnic)이 되었다고 말한다. 이스라엘 사람들만이 구약의 사람들이라고 말할 수 없다. 구약 시대에는 많은 사람들이 있었다. 수메리아인, 힛타이트인, 가나안인, 이집트인, 팔레스틴인 등이 있었다. 구약 시대의 사람들이 가지고 있던 생각과 생활 세계가 있었을 것이고 그들의 세계관과 우주관이 있었을 것이다. 그러한 우주관과 사고가 성서에 반영되어 있다. 그래서 우리는 오경을 보면서 고대에 구약인들이 가지고 있던 사고들을 볼 수 있다. 오늘의 우리는 누구인가? 바로 우리는 현대인들이다. 과학 문화와 문명 속에 살아가는 21세기의 인간들이다. 컴퓨터, 이동통신 속에 살아가는 사람들이다. 달나라를 갔다 올 수 있는 세계에 살아가는 사람들이다. 인간 유전자 복제에 의해 인간 복사도 할 수 있는 시대에 살아가고 있는 사람들이다. 이러한 구약과 현대라는 시간의 차이와 사고구조의 차이로 인해 우리는 구약인을 별개의 다른 인간으로 생각하거나, 구약의 인간을 동물원 속의 동물이나 아니면 옛날 사람들로 치부하고 우리와 관계없는 사람으로 생각하고 살아갈 것이냐는 문제가 있게 된다. 여기서 우리는 구약인과 현대인 사이에 차이점과 유사점을 발견하고 옛사람들에게서 지혜와 신앙을 배울 수 있어야 할 것이다. 그들에게서 인간의 변할 수 없는 본질과 좋은 인간성을 배워야 할 것이다. 시드니 콜렛의 주장에 의하여 모든 모세오경이 모세가 기록하였다는 주장을 살펴보자.

"어떻게 모세가 성경의 첫 부분인 다섯 권을 썼는가? 또 썼다면 모두 썼는가? 아니면 단지 그 당시 이미 존재하고 있던 다른 문서들로부터 이 놀라운 책들을 편집했는가? 그렇지 않다면 하나님의 특별하고도 직접적인 영감의 결과로 쓰였는가?" 매우 중요한 이 문제를 우리는 실제적인 방법으로 어렵지 않게 시험해 볼 수 있다. 이미 살펴보았듯이 모세에게 편집하도록 영향을 줄 수 있는 영감 받은 성문서는 없었다. 그럼에도 불구하고 그때에 있었던 비성문서의 다른 많은 표본들과 비교해 볼 때, 우리는 주목할 만한 2개의 자료들을(물론 당시에는 영감 받지 않은 많은 기록물들이 산재되어 있었기 때문에) 하나님의 섭리로 소유하게 되었다. 그것들은 아브라함 시대에 기록된 것으로 보이며, 아마도 모세 시대에 잘 알려져 있었을 것으로 추정되는 그 책들에는 모세오경이 있는 '역사'와 '율법'이란 2개의 주제를 포함하고 있다. 1. 갈대아인전(The Chaldean Legends)은 점토판에 매우 아름답게 기록되어 있다. 이것은 레이아드(Layard)와 그의 일행이 오래전에 발견한 것으로 고대 니느웨와 바빌론의 여러 도시들의 폐허 속에서 발견되었다. 창조에 관한 기사를 뜻하는 내용이 있고, 이 갈대아인전의 길가메쉬 총서는 카인과 아벨에 관한 내용과 노아의 홍수로 보이는 기사가 들어 있다. 2. 함무라비 법전(The Laws of Hammurabi)은 이미 앞에서 언급한 적이 있다. 함무라비는 창세기 14:1에 등장하는 아므라펠(Amraphel)과 동일인으로 여겨진다. 우선 역사란 주제를 다루겠다. 세이스(Sayce) 교수는 말하기를 "성문화되기 이전의 갈대아인전과 길가메쉬 신화들로부터 모세가 역사에 관한 정보를 얻었을 것이라는 가설은 터무니없는 말이다. 왜냐하면 그런 가설들이 흥미로울지는 몰라도, 온갖 전설적인 요소들로 가득 차 있는 그런 신화에서 모세나 다른 사람이 창세기에서 발견할 수 있는 정교하고 이성적이며, 과학적인 기록들을 포함하고 있다는 것은 사실상 불가능하기 때문입니다."라고 말했다. 다음과 같은 성경 구절을 통해서도 분명히 알 수 있다. "누가 더러운 것 가운데서 깨끗한 것을 가져올 수 있나이까? 아무도 없나이다."(욥 14:4) 예를 들어 보자. 바빌론의 제사장들 가운데 하나였던 베로소스(Berosus)는 천지 창조에 대해 다음과 같이 묘사하고 있다. "벨러스라는 신이 나타나서 오모로카라는 여자를 갈기갈기 찢어, 그녀의 반으로 지구를 만들고 나머지 반으로 하늘을 만들었다. 그 후에 벨러스는 다른 신에게 명령해서 그녀의 머리를 취하게 하여 피와 흙을 섞고 거기에서 다른 인간들과 동물을 만들게 하였다." 보라. 순수한 계시의 유적들을 부패시키는 것이 얼마나 쉬운지! 반면에 모세오경의 어떤 한 부분이라도 이와 같은 신화들의 영향을 받아 편집되었다는 가정은 어떤 이유에서든지 결코 사실이 될 수 없다. 두 번째로 법률에 관해서 살펴보자면, 주목할 만한 함무라비 법전은 여러 면에서 탁월한 점이 있지만, 인간 대 인간 사이의 도덕적인 법률들로만 구성되어 있고 모세가 훨씬 더 중요하게 강조하는 하나님에 대한 인간의 의무라는 가장 중요한 요소는 완전히 배제되어 있다는 사실은 잘 알려져 있지 않다. 더욱이 가난한 자들에 대한 조항도 없다. 함무라비는 우상 숭배자였으며 태양신과 여러 신들을 섬기는 자였다. 역시 여기에서도 모세오경을 쓸 만한 자료를 얻는다는 것은 전혀 불가능한 일이다. 모세가 "내가 오늘 너희 앞에 정한 이 모든 법처럼 그러한 공의로운 규례들과 명령들을 가진 그렇게 위대한 민족이 어디 있느냐?"(신 4:8)라고 말했을 때, 다른 민족들도 각기 나름대로의 법률을 가지고 있었음을 시사해 준다. 동시에 그 말은 하나님으로부터 받은 율법이 이 세상 어떤 민족이 가지고 있는 것과 완전히 다름을 분명히 말해 주고 있다. 이에 대해 세이스 교수는 1905년 9월 27일에 런던 데일리지에 있는 갈대아인전과 성경을 비교할 때 "영적인 면과 종교적인 면에서 좁혀질 수 없는 간격이 존재한다."라고 기고하였다. 그러나 무엇보다도 모세오경이 하나님의 영감을 받아 기록된 성경이라는 점이 다른 성경 곳곳에서 분명하게 증거하고 있다. 모세오경은 계속해서 반복적으로 다음과 같이 인용하고 있다. '주께서 모세에게 말씀하시기를', 레위기의 거의 모든 장들이 이 말씀으로 시작한다. 민수기도 마찬가지이다. 출애굽기의 대부분도 '주께서 모세에게 말씀하시기를'이라는 표현으로 시작한다. 만약 모세오경이 혹자들이 주장하는 것처럼 여러 문서들에서 편집된 것이라면, 주께서 그것들을 모세에게 말씀하셨다고 기록할 수 있겠는가? 우리는 사도행전 7:38에서 모세가 생기 넘치는 말씀들을 하나님께로부터 받았다(편집한 것이 아님)는 사실을 더욱 잘 볼 수 있다. 출애굽기 24:4는 이 모든 논쟁이 더 이상 불필요한 것임을 잘 보여 주고 있다. 왜냐하면 모세는 이런 모든 문제를 미리 예견이나 한 것처럼 자신이 기록한 이 모든 말씀이 인간의 저자가 쓴 것을 편집하거나 개정한 것이 아니라 '주의 모든 말씀들을 기록하고'라며 못 박고 있기 때문이다. 더욱이 성경에서 모세오경을 언급한 수많은 구절들을 통해 볼 때 모세가 아닌 다른 사람이 모세오경을 썼다는 어떤 암시도 나타나 있지 않다. 그러나 반대자들은 신명기 마지막 장에 나오는 모세의 죽음과 장사를 설명한 구절들을 가지고 어떻게 모세가 이것을 쓸 수 있었겠는가 의심한다. 그렇다면 나는 그런 사람들에게 "장례식에는 모세와 하나님밖에 없었는데, 누가 그것을 썼느냐?"고 되묻고 싶다. 그러므로 그것은 누가 썼든지 간에 영감을 받아 기록한 것임이 분명하다. 하나님의 영감을 받은 모세가 모든 진리의 말씀을 기록한 후 마지막으로 자기 자신에 대한 예언으로 자신의 죽음과 장사, 무덤에 관해 간단히 써 넣은 것으로 생각하는 것이 가장 확실할 것이다. "오늘까지 그의 묘를 아는 자가 아무도 없더라." 요셉은 영감을 받아 자신이 죽은 후 수백 년 뒤에 일어날 일을 예언하고 자신의 유골에 대해 유언을 했고, 선지자 이사야는 몇백 년 뒤에 있을 메시아의 죽음과 수난에 대해서 놀라울 정도로 상세하게 묘사하고 있으며, 심지어 부자의 묘실에 장사 지내게 될 것이란 점은 이 사건이 실제 일어나기 700년 전에 기록한 너무나도 유명한 예언이다(사 53:9; 마 27:60). 그럼에도 불구하고 이런 사건들이 모두 역사 속에서 일어났던 것처럼 과거 시제로 씌어 있다. 그러므로 모세오경이 하나님의 완전하고 직접적인 영감으로 모세에 의해 기록되었다는 사실에 대해 의심하거나 모세오경의 신적 권위를 제거하려는 어떠한 시도에 대해서도 간과할 수 없는 것이다. 그러나 생각이 깊은 사람들이라면 성경의 정확성을 비판하는 자들의 주장들에 논리적 일관성이 없고 속속 드러나는 증거들이 서로 정면충돌하는 일들을 보게 될 것이다. 예를 들어, 그 당시에는 문자가 없었기 때문에 모세가 오경을 쓸 수 없었을 것이라는 주장을 많이 했다. 그런데 모세가 태어나기 수 세기 전부터 문학작품이 자유롭게 쓰였었다는 사실이 역사적으로 입증되었다. 그러자 비평가들은 모세가 훨씬 초기의 문서들을 베끼거나 편집해서 모세오경을 썼다고 억지를 부리기 시작했다. 그들은 성경의 영감성과 신적인 권위를 제거하기 위해서 처음에는 이렇게 말하다가 안 되면 또다시 말을 뒤집어 저렇게 말하는 방식을 써 온 것이다. 그러나 성경은 비평가들의 말대로 성경 속에 영감성이란 요소가 없었다면, 우리는 그것을 훨씬 더 기적적인 산물이라고 일컬어야 할 것이다. 거의 40여 명의 각계각층의 사람들이 이 말씀의 책을 기록하는 데 종사했으며, B.C. 1500년경에 모세오경을 기록했던 모세로부터 AD97년 '우뢰의 아들'이라 불렸던 사도 요한이 소아시아에서 복음서와 계시록을 기록할 때까지 약 1,600년이란 기간이 소요되었다.[1]

자유주의 신학자들이 모세오경에 대해 의문을 품으면서 다수 저자

설을 주장하고 있다. 이유는 모세오경의 문체가 다르게 기록되었다는 것이다. 또한 모세의 죽음에 대해 기록이 되어 있다는 것이다. 그리고 삼인칭으로 기록이 되어 있는 것이다. 문체가 다른 것은 이스라엘의 독특한 기록문학이라는 것이다. 문체가 다르게 나온 것은 구약성경에서 이스라엘 사람들이 기록하는 문학 양식이라는 것이다. 문체가 다르기 때문에 다수 저자 설은 모세오경뿐만 아니라 이사야와 예레미야서도 지적을 받고 있는 것이다. 그런데 이스라엘 사람들은 자기나라 말로 기록되어 있는데 이것을 몰랐을까? 그들은 자신들의 문학 기법으로 쓰인 것을 알고 있었다. 이것은 그들만의 문학 기법이라는 것이다. 다만 그들과 다른 사고를 가진 우리가 봤을 때 다른 문체인 것으로 착각을 하는 것이다. 이것은 매우 잘못된 이론이라는 것을 알수 있다. 모세의 죽음에 대해 기록한 것은 모세의 나이가 이미 120세였음을 감안하면 자신이 직접 쓸 수 없었을 것이다. 그래서 다른 사람을 통해 대술하게 했을 것이다. 그렇게 기록하던 사람이 모세가 죽고 나서 그 기록을 적은 것은 이상한 일이 아니다. 저자가 다른 사람이라서 모세의 죽음을 기록할 수 있었단 말은 오히려 모세의 죽음에 대해 자세히 기록해야 옳은 일이다. 그런데 신명기 마지막에는 '모세가 죽었고 어디에 묻혔는지 모른다.'라고 기록이 되어 있을 뿐이다. 하지만 전승에는 모세의 죽음에 대해 자세히 말하고 있는데 다른 사람이 편집을 했다면 그러한 이야기를 넣었을 것이다. 삼인칭 기록은 성경 어디에서도 볼 수 있는 것이다. 굳이 모세오경만의 문제가

---

1) http://kin.naver.com/detail/detail.php?d1id=6&dir_id=60301

아니라는 것이다. 그들은 하나님과 자신과의 관계를 삼인칭으로 기록하는 것을 알 수 있다. 다만 모세는 자신의 모든 기록을 삼인칭으로 했다는 것이 차이일 뿐이다. 이것은 그만큼 모세가 하나님 앞에 순종하며 기록하려고 했다는 것을 알 수 있다.

모세오경을 논할 때면 모세오경이 모세가 썼는지 안 썼는지에 초점이 부각되어 진정한 믿음과, 역사를 혼탁하게 하는 것이 현실이다. 그래서 논자는 이 논의를 피하려고 한다. 누가 썼는지에 관점을 두기보다는 그 내용과 의미에 관점을 두고자 하는 것이기 때문이다.

2. 오경 연구를 위한 기초지식

2.1. 오경 연구를 위한 방법론적 예비고찰

2.1.1. 오경의 근본주제

◉ **구약 전체 3개의 편집 작품**
1) 모세오경 ‐ ‐ 경(經) → 신탁 내용 의미
2) 신명기 역사서, 3) 역대기 역사서 ‐ ‐ 서(書) → 역사적 사실 관점
⇒오경의 1차적 목적은 역사적 사건을 객관적 입장에서 보도하려는 역사서술에 있지 않다. 수많은 역사적 소재들을 이용하여 신앙의

기초적 주제를 다루는 데 있다.

⇒역사 전승의 편찬이 오경의 1차적 목적은 아니다. 역사에 대한 신앙 고백적 형태를 취하는 본문들이 오경의 독특한 성격이다

◉ **오경 분류(틀)**

1) 설화문학

① 민담(sage) – 개인, 지파, 종족, 민족 등 운명에 관한 이야기

② 동화(Marchen) – 시·공간을 초월한 이야기이며, 동화적 모티브가 있음

③ 전설(Legnnde) – 종교적으로 거룩한 장소, 인물, 성물 등 유래나 얽힌 이야기

④ 신화(Myth) – 신들의 이야기, 신화형식(Form)

2) 법(法) – 인간의 종교적 삶에 대한 규정

① 십계명 – 출 20장, 신 5장

② 언약서 – 출 20:22~23:19

③ 성결법 – 레 17~26장

④ 신명기법전 – 신 4:44~30:20

오경의 근본 주제 – J + E + D + P(역사비평학의 결과)

① 원자료가설: JEDP의 구성으로 벨하우젠이 체계화

② 단편가설: 하나하나의 주제에 대한 독립된 단편들이 시간이 지남에 따라 결합됨

③ 보충가설: 시간이 지나며 느슨하게 연결한 것 서로 보충

※ 양식사 → 전승사 → 전통사 → 편집사

⇒이러한 자료 분류는 성경의 통일성을 놓칠 수 있는 위험성이 있다. 즉 오경의 다양성 속에 있는 전체적 통일성이 무엇인가를 파악하는 것이 더 중요하다.

⇒오경의 축약 고백문으로 신 26:5~9, 신 6:20~24, 수 24:2~13은 약간의 차이가 있으나 기본적 주제는 1) 출애굽의 하나님 - 하나님은 이스라엘을 애굽에서 이끌어 내셨다. 2) 족장(조상)들에게 땅 주심의 약속이다.

◉ **기본적 주제가 갖고 있는 특징**
1) **구원사의 상을 제공:** 하나님의 활동의 역사, 즉 하나님께서 이스라엘을 선택하셨고 출애굽 후 광야에서도 먹여 주시고 가나안 땅으로 이끌어 주셨음을 고백함

- 히브리어 עָלָה 는 지리적 입장(아래에서 위로)으로 '이끌다', יצא ;는 억압(폐쇄)된 장소에서 '이끌어 내다, 해방하다', נֹתֵן은 נָתַן의 현재분사로서 ' 주다'의 뜻이다. 그러나 미완료로 번역해야 할 때가 많다. 즉 문법상과는 달리, 실제적 사건으로는 '줄 것이다'이다.

그러나 세 단어의 주어의 대상은 언제나 하나님이다.

2) **신앙고백적(credo):** 일어난 사건에 대해 신앙적으로 해석한 역사, 즉 하나님의 역사행위에 대한 고백이다. 신앙고백적 진술은 역사서술의 한계를 넘어서고 있으며, 실제로 일어난 사건을 멀리 초월한 진술이다.

G. von Rad → 케리그마 상이란 역사에 대한 신학적인 최대치를 지향한다.(이러한 관계성을 염두에 두면서 오경을 읽어야 함)

2.1.2. 구원사에 관한 옛 진술들

◉ **A. Alt(전승사 학파)** - 제자 ① M. Noth → 연구를 전승사 신학으로 ② G. von Rad → 전승사 + 양식사

1) M. Noth: Uberlieferageschichte des Pentateuchs(오경의 전승사)

2) G. von Rad: Das formgeshhichtliche problem des Hexateuche(육경의 양식사 문제)

⇒오(육)경은 5개의 주요 테마들이 구두 전승 과정에서 결합되어 탄생된 문서

① 족장들을 향한 약속(족장 전승)

② 애굽으로부터 이끌어 냄(출애굽 전승)

③ 광야에서 인도하심(광야 전승)

④ 시나이산에서의 계시(시나이산 전승)

⑤ 약속의 땅으로 이끄심(가나안 입주 전승) - 여호수아

서로 다른 5개의 이질적 본문들이 J 기자(또는 이전부터)에 의해 역사적 순서처럼 결합되었다.

┌ J 기자 이전에 문서로 결합되었음 주장(M. Noth)

└ J 기자에 의해 문서로 결합되었음 주장(G. von Rad)

⇒G. von Rad의 입장이 받아들여지는 주장으로 평가받음: 신 26장을 가장 오리지널로 '조그마한 신앙고백서'로 일컫는다.

2.1.2.1. 신명기 26: 5~9

1) **개인적 관심의 감사시가 아닌 '기도의 형식을 빌린 신앙고백문'
이다.**

2) **제의와 밀접한 관련 추측:** 특정 제의에서 공동체를 탄생시킨
구원의 사실들을 반복해서 낭송했을 것이다. 고대인들에게 제의는
과거를 현재화시키는 수단이었다. '땅의 소유'를 강조하는 것이 아
마 땅과 관련된 축제(무교절 – 밀, 맥주(칠칠)절 – 보리, 수장절 – 포
도, 올리브 등)에서 낭송했을 것으로 추측

– 즉 우리 조상들은 땅 없이 방황하던 사람들인데 하나님께서 나
라를 생성케 하시고 땅을 주셨음에 대한 감사와 관련된다.

3) **가장 옛 신앙고백문이다:** 족장시대부터 땅 점유까지의 구원사
의 주요사건들이 들어가 있다.(구원사의 기본적 주제 서술)

– 초기 족장 전승은 간략(초라)하나 반면 출애굽 전승은 강하게
설명하고 있다. 학대, 중역, 부르셨다, 강한 손, 편팔, 이적 등 각인
된 언어들이 들어가 있음을 통해 알 수 있다.

– 땅 점유 전승을 마지막 전승으로 보도하나 시나이산 전승은 완
전 삭제했고, 광야유랑 전승도 구체적으로 등장하지 않는다. 즉 애굽
해방과 땅 수여사건이 하나님의 결정적 구원행위로 설명되고 있다.

– 순수역사 신앙고백문은 26장 5절 b부터 9절까지이나, 독립문
5a가 결합되었다. 5b는 **두음형식**으로 אֲרַמִּי אֹבֵד אָבִי(내 조상은 유리
하는 아람족이다), 즉 독특한 두음(א)형식으로 부각시켜 쉽게 암기
할 수 있도록 만들었다. 이로 인해 독립적인 서문 형식이었음을 알

수 있다.

- 출 19장~민 10장까지가 시나이산 사건의 율법수여로 많은 양을 차지하나 옛 신앙고백문에 빠진 이유는 יִשְׂרָאֵל이라는 것이 단일민족이 아니며, 가나안의 신명인 엘(אֵל)로 만들어진 것으로 이스라엘 초기에는 야훼 숭배보다 엘 숭배사상이 강한 유목민족＋가나안 종족이 주류를 이루었던 것이다. 즉 엘을 섬기던 족속이 집권세력이었기에 이스라**엘**이었고, 후에 야훼 족속이 지배하게 되었다.

- 출애굽, 광야, 족장, 시나이산, 가나안 입주 전승은 각각 다르게 중요했는데, 이것들이 하나로 결합되었다. 즉 서로 다른 전승의 보관자들은 달랐다. 특별히 시나이산 전승의 이야기는 전혀 다른 삶의 자리를 가지고 있었으며, 출 19장~민 10장은 J 기자에 의해 들어오게 된다.

※ 일부 신학자들은 신 26:5b~9는 고대로부터 전해 내려오던 것이 아니고 오경이 탄생된 이후(포로기)에 오경의 주요내용을 요약한 것이라고 주장한다. - 폰라드는 이 고백문이 문서 이전 고대부터 전해 내려오던 것으로 주장함(한편 시나이산 이야기가 이 고백문에 빠져 있기 때문에 일부 신학자들의 위의 주장을 비판할 수 있다.)

2.1.2.2. 신명기 6:20~24

1) **출애굽＋땅을 강조한다. 그러나 족장사는 미언급하므로 이스라엘의 출발은 출애굽부터이다.**

2) **이스라엘 백성조차 두 의견으로 '아브라함부터' 또는 '출애굽부**

터'로 나뉨.

2.1.2.3. 여호수아 24:2～13

－세겜에서 행한 여호수아의 고별설교로서, 세겜은 최초의 지파 동맹의 회의 장소였다. 이스라엘 역사에서 중요역할을 감당했던 도시로서 아비멜렉이 최초로 왕국을 만든 곳이기도 하다. 또한 여로보함이 북왕국의 임시 수도로도 세웠으며, 요셉의 무덤도 있다.

1) 이스라엘 족장들의 이름을 구체적으로 언급하고 있다.

2) 가나안 입주과정이 비교적 상세하게 기록되었다(11, 12절).

3) 오경의 내용과 일치되지 않는 전승이 등장한다: 2절의 '데라가 강 저편의 다른 신을 섬긴 것', 14절 '애굽에서 섬기던 신'

4) 족장이 구원사의 시작으로 등장하고 있다(시 105, 135편): 족장시대부터 이스라엘 출발, 선택, 큰 나라 계획 등. 족장사가 이스라엘의 구원사라는 것은 E 자료(창 15장～)가 증명하고 있다. 그러나 E 자료와 P 자료는 하나님의 구원을 창조로 확대한다.

※북왕국의 호세아, 아모스는 족장, 출애굽 사건을 중요하게 언급하나 남왕국은 미언급(창 1～11장에 E 문서 전혀 등장 안함.)

5) 시대적으로 마지막 작성한 것으로 신명기 사가의 영향을 많이 받지만 신명기 고백의 틀은 변함없다.

2.1.2.4. 진술들의 공통적인 특징들

1) 역사 회고형식으로 되어 있으며, 직접화법(낭송문)으로 되어 있

다. 즉 세 본문이 다 삽입되었다. 앞뒤 문맥과는 원천적으로 관계없지만 세 신앙 고백문이 들어와서 그 포인트에 맞게 다른 문장들이 들어오게 되었다. 세 고백문이 없어도 문장 내용의 흐름은 무관하다.

예) 여 26:5 "아뢰기를, 이르기를(אמר)"의 다음 문장의 내용은 직접화법(인용문)을 사용하여 가감하지 않았다. 직접인용문 안에 있는 것은 독립문으로서 편집과정에 본문으로 들어왔다.

2) 세 본문 모두 유사한 도식, 즉 구원사의 표준도식(억압-구원-땅)에 의해서 작성되었다. 이러한 신앙고백문은 매우 오래전에 정경적 도식으로 이미 확정되어 있었다. 이것이 오경의 기본주제가 되고 있다. 즉 오경의 원래적 기본주제는 출발과 강조점이 약간의 차이가 있으나 구원사의 표준도식에서 요약되어 있다.

3) 시나이산 사건이 완전히 또는 거의 빠져 있다. 시나이산 사건은 기본주제들과는 달리 독립적인 삶의 자리를 갖고 있었다. 현재의 오경 안으로 들어온 것은 J 기자의 노력이다. 즉 J 기자에 의해 독립적이었던 시나이산 사건이 구원사의 옛 진술들과 결합되었다.

(1) 지파동맹 시대의 특징

① 제의 공동체-중앙 성소의 법궤 중심(세겜 → 벧엘 → 실로 → 길갈)

② 12지파의 동맹(Amphiktyonie): 평등과 자유(정치적 독립)

③ 신정통치사상: 야훼가 너희를 다스리리라(삿 8:22)

④ 거룩한 전쟁(성전): 방어전쟁-인근지파의 연합

⑤ 가나안의 바알종교와 야훼종교의 철저한 분리와 독립(레 11

장): 불결 짐승 목록 – 이방 제의와의 대결전제로 식용에 관한 것 아닌 제의적 정결)

※ 부정한 짐승의 2가지 특징 – ⅰ) 마술가, 점술가에 의해 다뤄지던 동물들(뱀 등)

ⅱ) 이방종교와 밀접 관련(돼지 등)

⑥ 가나안의 농경문화 축제 흡수(야훼종교화)

ⅰ) 농경축제: 무교절(유월절), 맥추절(칠칠절), 수장절(초막, 장막절), 월삭

ⅱ) 비신화화 작업

ⅲ) 성(性)의 신격화 거부

(2) 사울 왕국의 특징

– 지파동맹의 연장선상: 그러나 거룩한 전쟁 원칙의 파기

– 왕정통치의 강화 시작

– 지파동맹 갈등 시작

– 종교의 완전한 분리 시도 실패(과도기)

(3) 다윗 – 솔로몬 왕국의 특징

– 대제국 건설: 영토 확장, 행정 무역 분할, 과다한 세금, 용병제 체계화

– 새로운 국제 단계: 문화적 자의식 일어남.

– 야훼 종교와 가나안 종교의 혼합: 야훼 종교의 위기 심각.

– 새로운 정신성의 탄생: 고대의 속박으로부터 벗어남.

ⅰ) 시적 · 문화적 작품 탄생,

ⅱ) 역사에 대한 반성 일어남.(인간 본성에 대한 파악: 인간은 죄(罪)성 있으며, 역사의 전면에 인간이 부각됨.)

- 다윗의 등극사, 다윗의 계승사, J 기자

- 성전 건축: 왕은 성전의 주인이며, 제사장은 왕의 신하

※ 다윗 당시 성전을 건축하지 않은 이유: 저항세력(백성)을 다스리기 위한 정치적 계산

- 제왕 이데올로기의 흡수: 왕은 신(神)의 아들(시편 2장)

- 가나안의 도시 예루살렘을 수도로 정하는 정치적 결정: 지역적 여건＋야훼 전통 없음

- 새로운 선택신학의 탄생: 시온／다윗 전승 ※ 북쪽에는 출애굽 전승＋족장 전승들이 여전히 살아 있음.

(4) 정치적-종교적 저항

① 여로보암 1세의 반란: 아히야 선지자 예언-벧엘＋단(금송아지)은 예루살렘에 대항하는 새로운 종교중심지의 탄생

② 반왕권적 저항세력의 등장: 요담 우화(삿 9)＋반왕권적 세력(삼상 10:27)-압살롬과 세바의 배후세력

③ 성전 건축 반대: 나단 선지자(삼하 7장)

④ 야훼종교의 가나안화에 대한 저항

ⅰ) 나실인(삼손): 포도는 농경민(가나안)의 결실, 독주 거부는 포도주축제인 농경민 축제 거부

ⅱ) 레갑 자손들: 철저한 야훼신앙의 추종자

iii) 예언자들: 야훼종교의 혼합주의적 황폐화에 분개, 옛 야훼
신앙에로의 복귀

2.1.3. J 기자의 신학적 공헌

┌ 국제적 교류, 지혜학교등 문화사, 신학, 역사적으로 획기적인
│ 변화의 시대(고대의 계몽주의 시대)
└ 역사에 대한 새로운 인식 ⇒ 이러한 흐름에 맞물려 J 기자 활동

2.1.3.1. 오경의 초안작업

－구전으로 떠도는 수많은 독립적 전승들을 수집하고 또한 문서
화시킴.(시 － 설화⇒민담)

－고대의 민담 전승들은 어느 정도(?) 수집되어 있었을 것이고, 문
학적 단일체 형식으로 그룹화되어 전승되었을 것이다. 원인론적 민담
의 다양한 형태로서,

i) 종족이나 지파의 기원 설명

ii) 거룩한 제의장소의 기원(창 18장 마므레, 창 28장 벧엘)

iii) 특별장소나 인명의 기원(모세משׁה → 건짐을 받은 자, 브니
엘 → 하나님의 얼굴)

－**이러한 원인론의 공통적 특징은 i) 특정 장소에 얽매어 있으
며, ii) 종교적인 배경을 가지고 있다.**

－이러한 부분적 전승들을 상호 통일성 있게, 그리고 연관성 있

게 원인과 결과의 이야기체로 만든 것이 J 기자이다.

☞ **독립적인 수많은 전승들을 문학적으로 연결시킬 때 전승들은 중요한 큰 변화를 맞게 되었다.**

ⅰ) 종교적 제의 영역에서 해방

ⅱ) 전승들 사이의 내용적인 빈틈이 생길 수밖에 없었다. 이는 전승의 원래적 핵심이 파괴될 가능성이 있었다. 많은 전승 기자들이 J 기자에 의해 해석되므로 원하지 않는 의미를 내포할 가능성이 많았던 것이다.

ⅲ) 특정시간과 특정장소에 얽매어 있던 전승들은 보편적이고 무시간적인 시간으로 이해하도록 강요되었다.

ⅳ) 구두 전승을 문서화하는 과정에서 역사 전승의 종결이 일어났다. 문서화되면서 고대의 민담들이 가지고 있던 제의적 의미는 심각한 변화를 갖게 된 것이다.

예 1) 창 22장 '모리아산에서의 이삭 제물 바침' 사건은 모리아산 주변 지역에서만 알거나 또는 유목민들을 통해 알 수 있는 사건인데, J 기자에 의해 '아브라함의 시험, 믿음'으로 연결되었다. 즉 독립적 구두 전승이었을 때에는 '어린이 희생제사의 폐지'의 교훈을 담고 있었음.

예 2) 창 28장 '벧엘의 야곱 축복'은 하나님과 야곱의 만남 속에서 축복의 사건으로 연결시켰다. 구두 전승에 있어서의 주제는 '십일조의 합법화'에 대한 것이었으나 문서화되면서 십일조의 의미약화

⇒J 기자는 모세오경의 초안을 작성하면서 구두 전승이 갖고 있던 원인론적 물음에 대한 관심을 탈색되게 했다.

☞ **J 기자의 궁극적 관심은**

– 고대의 구원사의 도식을 확대시키는 것이다. 3개의 신앙고백문 (신 26, 6장, 여 24장)에 담겨 있던 짧은 구원사를 확대시키는 것이다. 즉 기본적 구원사 도식에 기초하여 방대하고 세부적인 민담들을 연결시켜 견고하고 통일적인 작품으로 만들어 나갔다. 이러한 작업을 통해 구원사적 신학구조는 좀 더 튼튼해졌고, 명백해졌다.

예) '유리하는 아람사람'에 대해 세부적인 내용을 기록 확산시킴.

이것이 J 기자의 놀라운 창조적 작업이요, 신학적 공헌이었다.

– 신학적으로 구원사의 도식 확대(출애굽 사건을 창조사건까지 확대)

☞ 본래적인 삶의 자리인 제의적 장소(특정 시간, 장소, 사람)에 얽매이던 수많은 전승들이 비제의적, 보편적으로 바뀌면서 하나님에 대한 새로운 이해, 즉 고대에 있어 하나님은 기적적 방법으로, 거룩한 사람(장소, 시간)을 통해 역사했지만, 문서화되면서 세속적 삶이나 사건 속에서 연속적으로, 그리고 보편적으로 나타나시는 하나님으로의 고백이 새롭게 나타나기 시작했다. 나아가 인간의 죄를 통해서도 여전히 역사하시는 하나님으로 고백하게 되었다. 따라서 ⅰ) 가까이 계신 하나님(신인동형동성설), ⅱ) 세속적 역사를 이끌어 가시는 하나님으로 바뀌었다.

2.1.3.2. 시나이산 전승의 결합

☞ **매우 부피가 큰 다층적 전승복합체(출 19:1~민 10:10)**

ⅰ) 하나님의 현현 사건(출 19, 24, 33장)

ⅱ) 일련의 율법들

ㄱ) J E 시내문서(출 16~24장, 32~34장): 세속적인 일상생활의 질서에 관한 법률 [(십계명출 19장) + 언약서(출 20~23장)]

ㄴ) P 시내문서(출 25장~민 10:10 - 출 33장 제외): 제사법(성결법, 레 17~26장)

⇒구원사와는 전혀 다른 전승으로, 그리고 땅과 관련된 축제와도 전혀 관련 없는 다른 축제 제의였을 것으로 추정(제의사 + 전승사적으로 볼 때 구원사와 관련되지 않은 독립된 역사임.)

⇒멀리 떨어져 있던 시나이산 전승을 광야유랑 전승 안으로 통째로 집어넣었다. 시나이산 전승은 광야유랑 전승에 2차적으로 삽입되었다.

☞ **시나이산 전승과 광야유랑 전승의 결합에 있어 '신학적 확대'가 있었다.**

ⅰ) 광야유랑 전승: 하나님의 은혜로운 인도하심(**은혜**, 사랑, 긍휼 고백)

ⅱ) 시나이산 전승: 하나님의 현현 + 일부계명⇒법(의무로서의 **율법**)

⇒따라서 신학적 확대의 메시지는 **율법-복음**이다. 이는 균형 잡힌 구원사의 도식 창출로서 율법을 지키는 것만이 하나님의 감격에

대한 표현이다. 즉 얽매어 지켜야 하는 율법이 아닌 광야유랑 가운데 은혜로 인도하신 하나님에 대해 율법을 지키는 것으로 이해(율법과 복음의 신학적 관계 형성)

2.1.3.3. 족장 전승의 확대

☞ **족장들의 언급은 짧게:** 신 26장 '유리하는 아람사람', 수 24장 '아브라함 – 이삭 – 야곱'만을 언급한다. 반면 창 12~50장으로 이야기가 확대됨.

☞ **유래(12~50장)**
① 이삭 – 브엘세바(남부), ② 야곱 – 세겜, 벧엘, 브니엘(중부), ③ 아브라함 – 헤브론, 마므레(남부)
⇒내적으로 연결되고 땅과 후손의 약속으로 만든 것은 J 기자의 업적이다.

2.1.3.4. 원역사의 첨가

☞ **구원사적 신앙고백문에는 원역사에 대한 언급 없다(신 26, 여 24장은 족장사로 시작).**
– J 기자가 족장사 앞에 원역사(2:4b~12:3)를 첨가시켰다. J 기자는 고대 구원사의 도식에 지나치게 종속당하지 않고 편집의 독자성을 발휘하고 있다. 이런 과정을 통해 J 기자 자신의 신학세계를 확대시켜 나갔다. 원역사와 구원사가 결합되는데, 이는 J 기자의 대

담한 시도였다(태초부터의 하나님 구원 역사 - 족장사 뛰어넘음.).

☞ **J 기자의 의도(신학적 메시지)**

① 세상에 존재하는 모든 혼란의 원인은 인간의 죄 때문이다(인간에 대한 통찰력).

② 인간의 죄가 심해질수록 하나님의 은혜는 더욱 강력해진다.

  ⅰ) 타락(선악과) - 가죽옷(은혜), ⅱ) 가인 - 이마의 징표, ⅲ) 노아 - 무지개, ⅳ) 바벨탑

⇒원역사와 족장사를 결합시키면서 원역사의 마지막 사건은 하나님의 은혜가 없는 것(바벨탑)인데, 바벨탑 사건에 아브라함을 등장시켜, 땅과 후손에 대한 축복 선언(창 12:1)으로 바벨탑 사건에 대한 신학적 의미를 부여하였다. 창 12:1~3은 원역사의 종결인 동시에 족장사의 시작이다.

2.1.4. 오경의 신학

2.1.4.1. J 문서의 신학

- **J 기자:** 설화문학의 위대한 창조성을 발휘 - 가장 위대한 정신사적 업적

- **신학적 관심**

  ⅰ) **인간의 내면세계** - 죄성, 삶의 오류, 미움, 질투를 서술의 주제로 삼음(상당한 심리학적 관점).

ii) **인간의 외적행동** - 죄 된 행동 반복, 갈등, 싸움, 살인, 보복 등 ⇒악순환에 대해 끊임없이 통찰하면서 인간의 삶 전체를 포괄적으로 다룸.

① **인간의 죄성:** 인간의 행동, 마음에 대한 부정적 판정

- 원역사: 인간의 죄악에 대한 연속된 고발, 창 8:21, 6:5 '인간의 계획이 어려서부터 악함', 심지어 하나님의 심판도 인간을 개선시키지 못함에 통탄

② **인간의 유한성:** 유한적 존재로 흙(물질)으로 창조되어 흙으로 돌아가며, 영원한 존재 아닌 죽어야 하는 물질적 유한존재로 하나님의 형상을 모름.

③ **인간의 연약성:** 인간은 위대한 기적을 일으킬 수 있는 존재가 아니다. 스스로의 능력 창출이 아닌, 단지 하나님의 역사 통찰이다. 모세는 출애굽 관련 수동적 존재이며, 기적을 구경하는 사람이다. E 문서와 반대로 능력의 지팡이를 알지 못한다. - 모세는 단지 하나님의 부르심을 받은 목자일 뿐이다. 반면 E 문서에서 모세는 역사의 전면에 나타나 기적적인 위대한 인물로, 아론에게는 신이기도 한 능동적인 출애굽 인도자이다.

④ **하나님의 은혜를 받고 있는 존재:** 하나님은 죄 된 인간을 그럼에도 불구하고 용서하고 사랑하신다. 인간은 하나님의 심판의 대상인 동시에 하나님의 구원의 대상이다. 하나님은 인간의 죄악 된 역사 속에서 구원의 작업을 계속하고 계신다.

※טוב(좋았더라)는 P 문서, J 문서(창 2:18)는 טוב-לא(좋지 않았다.)

☞ **인간을 부정적으로 설명(평가)한 이유**

- 다윗, 솔로몬 대제국의 경제적 풍요, 정치적 발전, 인간 이성의 발달에 대한 경고: 대제국의 형성은 인간의 노력 결과가 아니라 독립적인 하나님의 축복의 결과이다. 인간은 찬양과 숭배의 대상이 될 수 없고, 오직 하나님만이 찬양과 경배의 대상이다.(부정 통해 긍정 표출)

- 인간은 자기 위치를 성찰하고 하나님의 능력에 대해 겸허히 순종해야 한다. 즉 J 기자의 인간이해는 다윗과 솔로몬의 대제국에 대한 경고의 메시지로서 인간의 나약성, 초라함을 드러내고자 한 것이다.

2.1.4.2. E 문서의 신학

☞ **J 문서에 비해 창조적 예술성이 떨어진다.**

- 섬세하지 못한 구성
- 범위에 있어서 논란(창 15장~)
- J 문서에 비해 민속적인 성격을 더 많이 갖고 있다. 즉 고대의 전승이 덜 신학화된 상태에서 덜 수정된 채 본문 안으로 들어왔다. 고대 전승이 살아 있는 것으로 구원사의 고대적인 형식에 더 근접해 가고 있다. 족장사(또는 출애굽)로서 아브라함(창 15장)부터 시작되는데, 고대의 자료들이 다듬어지지 않은 채 현저히 본문 안으로 들어왔으며, 구원사의 고대적인 특징에 더 접근한다.

☞ **신학적 특성**

① **예언자직에 중요한 의미부여:** 하나님과 인간의 중재자 – 아브라함, 미리암, 모세에게 예언자 칭호 부여함. 따라서 예언자 그룹에서 만들어졌을 가능성 있음.

② **신학적 배경:** 북쪽의 종교혼합주의 현상 때문이다. 즉 하나님은 더러워진 땅에 더 이상 머무를 수 없다.

2.1.4.3. P 문서의 신학

– J / E와는 전혀 다른 특징을 갖고 있다.

① **설화작품이 아니다:** 제사장들의 교리적 설명이다. 비록 바벨론 포로기에 생긴 것이지만 수 세기 동안 사제들의 신학적 숙고가 들어 있다.

② **압축된 언어:** 나열이 아닌 축약되고 압축된 중요한 개념 사용으로 장중하고 현학적이다. 또한 무미건조와 도식화로 비예술적이며, 미사어구를 사용하지 않았다.

– 그리고 인간의 갈등, 방황, 사회의 문제에 대해 무관심을 보인다. 이것이 P 문서의 독특성으로, 담백한 객관성으로서 하나님의 계시에 대한 관심의 집중을 보인다. 즉 P 문서의 모든 관심은 인간에게 있지 않고, 오히려 배타적으로 하나님과 관련된 것(하나님의 말씀, 심판, 규례, 법)에만 관심을 갖는다.

③ **문서는 인간의 역사에 대해서가 아니라 지상에 잇는 하나님의 규례(성전, 제의관련)의 역사에 관심을 갖고 있다.**

-P 문서의 기록은 비록 후대(포로기)이지만 내용은 이스라엘 역사에서 매우 오래된 재료들(성전 이전 고대?)을 소유하고 있다

④ 할례와 안식일을 강조함으로써 민족의 정체성을 강조함.

⑤ 숫자에 대한 관심이 많다: 역사를 연대기적으로 서술함에 능통하다.

- 창조를 7일로, 홍수사건도 년 / 월 / 일

⑥ 족보 / 계보: 역사를 족보로 압축-이스라엘이 족보를 만든 후 살을 붙여 역사를 만들어 간 것이 아니라 역사를 통해 족보를 만들어 나간다. 족보는 포로기에 민족 정체성 위기 시 바벨론화를 제거하고 순수혈통을 복원시키는 작업으로 된 것이다.

⑦ 제의, 성막, 거룩, 제사장, 성물 등 성전 신학을 발전시켰고, 나아가 유다와 예루살렘 중심의 제의 신학을 발전시켰다.

⑧ 하나님을 전적 타자로 이해하는 이유는 이방인의 땅에서 하나님의 이해를 하다 보니 전적 타자로 이해 서술하게 되었다.

2.1.5. 민담의 해석학적 문제

2.1.5.1. 성서 주석자의 과제

- 오경은 매우 오랜 역사를 거쳤기에 본문 주석은 단순하지 않고 심사숙고가 필요.

- 민담(Sage)과 설화(Erzahlurg) 개념의 역사성이 무엇인가.

- 오경 안에 들어 있는 본문들은 상호관련성이 없는 독립적인 것

이 결합되어 하나의 이야기로 만들어졌는데, 독립적 이야기들의 신학적 상호작용은 무엇인가.

⇒역사성의 질문에 얽매이지 말아야 한다. 역사－비역사, 허구－진실 등의 양자택일의 문제가 아니다. 하나님이 함께하셨고, 이스라엘 조상들 또는 인류의 역사를 파악하는 일에 중점을 두어야 한다.

2.1.5.2. 민담에 대한 개념의 이해

2.1.5.2.1. H. Gunkel의 연구

－**군켈:** 구약의 양식사학의 지평을 개척한 신학자로 창세기와 시편 연구에 중점을 두었다.

－**창세기 주석**

ⅰ) 제의 원인론적 민담: 삶의 자리를 제의에 둠

ⅱ) 인종학적 원인론적 민담: 삶의 자리를 세속적 현장(지파, 개인 이름, 민족의 특별한 기원)에 둠.

⇒짤막한 시적 형식의 문학 형태로 전승되었을 것으로 본다.

⇒하나님 말씀을 민담적으로의 분석은 당시 불후의 명작

☞ **군켈에 대한 비판**

－만담의 역사성, 즉 민담은 역사적이지 않고, 역사적 현실과 일치하지 않으며, 무관한 허구이다. 이는 환상의 산물, 역사적 허구로서 민담을 역사서술의 반대개념으로 생각하는 데에서 오는 충돌이다. 구전 전승인 민담은 애매, 불확실, 허구이며, 문서 전승인 역사

서술은 정직하고 신빙성이 있다.

2.1.5.2.2. 민담의 역사성에 대한 문제

- **역사적 유물론**(historischer Materialismus) **입장에서 볼 때** 역사적 신빙성의 자료가 없기에 구약의 민담은 받아들여지지 않고 진실성이 없다고 본다.

- **민담은 역사의 반대자로서** 역사는 진리이지만 민담은 거짓이고 실재하지 않으며, 역사의 전 단계이다. 따라서 역사적 유물론은 구전 전승의 역사를 인정하지 않는 역사관이며, 오직 기록된 역사만을 역사적 가치가 있는 자료로 본다.

- **역사적 유물론 이론의 약점:** 민담이 역사서술과는 다른 정신 작업의 결과라는 것을 인정하지 않는 데서 오는 것이다. 민담은 history 와 비교될 수 있는 성격이 아니다. 즉 민담의 평가기준은 역사적 사실여부가 아니다. 민담은 오히려 Geschichte적 요소로서, 모든 민담은 역사적 허구가 아닌 역사의 영역에서 일어난 실제사건과 관련되고 있다. 이처럼 민담은 동화의 차원이 아니라 받아들여지고 믿어지는 이야기이다. 즉 자유로운 환상의 결과가 아닌 **역사**(Geschichte)이다.

- **민담의 취급:** 한 민족의 초기역사를 다룰 때 즐겨 사용했다. 이때 현대적 의미의 정확성을 반드시 요구하진 않는다. 민담은 기록역사(역사시대) 이전에 사용된 역사에 대한 회고를 담고 있다.

⇒**민담은 국가형성 이전의 사회적 형태를 반영하고 있는 것이다. 그러므로 아직은 합리적, 논리적, 계몽적이지 못했다. 역사인식의 능력이 아직 개발되지 못했던 시대에 나타났던 문학양식이다. 민담**

은 역사에 대한 객관적 해석능력이 생기기 이전에 사용되었던 역사 이해 방법이다.

2.1.5.2.3. 내적인 역사를 다루는 Geschichte로서의 민담

- 역사 이전의 사람들이 그들이 처해 있던 현실과 위치를 해석하고 현재를 만든 과거를 바라보려는 노력의 결과이다. 그러므로 민담은 단순한 역사서술 그 이상이다. 고대인들은 민담을 통해서 과거의 사건이 갖는 현재적 의미를 파악하려 노력(과거를 현재화)했다.

- 민담은 대부분 내적인 역사를 취급하고 있다. 한 민족의 외적인 역사, 즉 전쟁이나 정치적 사건들, 왕국의 흥망성쇠 등을 역사가 서술하나, 반대로 민담은 내적인 역사인 백성들의 삶의 아픔(갈등, 고뇌 등) 등의 종교적 분위기나 느낌, 정신적 흐름을 서술했다.

- 민담은 역사가 갖고 있는 의미와는 다른 독특한 우월성을 지니고 있다. 즉 민족의 역사적 경험을 반영하고 있고, 민족의 역사적 사건에 기초하고 있다.

※구전 전승의 역사성의 예: A.D. 79년 8월 폼페이 도시 붕괴는 베수비우스 화산 폭발 때문이었다. 로마의 별장이었으나, 9m의 화산재가 덮쳐 사라지고 16세기 말부터 소규모 발굴이 시작되었고, 1947년 본격 발굴되어 약 80% 진행되었다. A.D. 79년부터 16세기까지의 내용은 구전 전승으로 알 수 있다. 결국 구전 전승(민담)을 통해 발견할 수 있었다.

2.1.5.2.4. 민담들의 신학적 상호작용

1) 독립적이던 수많은 민담들이 현재 성경 안에서는 상호 밀접한 관련성을 지닌다.

－**아브라함－이삭－야곱은 독립적이었으나** 후에 한 민족의 사회·정치·종교적 상황을 설명해 주는 본문이 되었다. 독립적이던 개별 민담들이 내용과 형식 전체가 바뀌었다. 한 개인의 운명(출생－성장－죽음)의 독립적 의미는 상실되었고, 오히려 민족의 운명과 관련된 사건으로 되었다. － **한편 '민담의 역사성'이 완전히 훼손된 것이라고는 볼 수 없다.** 왜냐하면 구체적이고 구상적(그림 통해 자세히 설명)으로 전달, 설명되고 있기 때문이다. 즉 공동체적 운명의 사건이나 경험을 통해 표현되고 있다.

2) 민담의 성장과 결합 과정에서 결정적 역할을 한 것은 하나님을 향한 믿음(Glauben)이었다. － 모든 민담들은 신앙에 의해서 방향 지어졌다. 세속적이던 민담이 신앙의 여과과정을 통해 수정되고 결합되고 발전되면서 신학화되었다.

－**이때 야훼 하나님의 이름을 중간중간에 결정적으로 삽입하여**

ⅰ) 민담의 가나안적 성격을 벗겨 내는 작업을 시도하였고－엘, 바알 등의 제거.

ⅱ) 세속적인 고대의 민담이 야훼 종교적 세계 안으로 들어오도록 길을 열어 놓았다.

－**그 결과 족장과 관련된 민담들은 인간이 아닌 하나님과의 관계를 다루는 본문이 되었다.** 족장들의 신격화나 우상화가 전혀 발견

되지 않고 오히려 어둡고 부족하거나 실수한 측면 등 인간적 결함을 부각시켜 하나님의 구원행동의 위대함을 역으로 증명하는 데 사용되고 있다. 이리하여 순수한 고대인들의 개인적 민담들이 신앙적으로 재해석되는 여과과정을 거쳤다.

⇒이러한 위대한 신학적 작업의 시도는 J 기자였다. 고대의 민담을 솔직하고 커다란 신학적 틀 안에 집어넣었다.

　ⅰ) 원역사(창 2:4b～11장): '하나님으로부터 점점 멀어져 가는 인류의 역사'

　ⅱ) 아브라함 – 이삭 – 야곱 – 요셉(12～50장): '하나님의 약속의 연기'(자녀 / 땅) – 연기 이유는 가족 간 갈등, 신앙적 유혹, 판단의 오류.

　– 아브라함이 하갈을 통해 이스마엘을 낳으므로 이삭과의 갈등 등으로 약속 지연: 이스마엘은 억지로 하나님의 약속을 성취하려는 인간들의 조급함 또는 하나님의 약속에 대한 무관심임.

　– 야곱의 경우 형 에서의 축복권 가로챔으로 지연

　– 요셉의 경우 12아들의 갈등 때문에 지연

⇒하나님의 구원 행동의 진실성: 후회도 하시지만 약속을 취소하진 않으심(＝주제상의 통일성)

2.2. 원역사(창 1~11장)에 대한 신학적 분석

2.2.1. 창조 이야기(창 1~2장)

2.2.1.1. 구약성서 내에서의 창조에 관한 증언의 신학적 위치

2.2.1.1.1. 하나님의 창조에 대한 구약의 증언

1) 제2이사야, 2) 사제(P 문서), 3) 야훼(J 문서), 4) 후대의 창조시편들, 5) 지혜문헌들

-J 문서 이외 4개 문서는 후대에 만들어졌으며, 2)와 3)은 산문체 형식의 직접적 진술인 반면, 1), 4), 5)는 운문형태로서 간접적 형태이다. 그리고 옛 제의적 신조(credo)에는 창조보도가 전혀 등장하지 않는다.

-창조신앙이 구체화되고 신학화되는 것은 후대에 나타난 현상이다. 포로기 이전에 하나님을 창조주로의 고백이 전혀 없었다는 것은 아니지만 하나님의 구원행위와 창조신앙이 결합되는 데에는 오랜 시간이 걸렸다. 창조이야기가 위대한 점은 주변 근동지역에서처럼 신화와 연결되지 않고 구원사와 연결된 점이다.

2.2.1.1.2. 제2이사야의 창조 보도

-**이사야 42:5, 43:1, 44:24~28, 51:9~10으로, 하나님을 '너를 창조하고 조성한 자', '네 구원자', '네 창조주'로 설명하고 있다.**

① **창조주 하나님은 부가어, 부문장에서 나타난다:** 주문장에서는 구원자, 구속자로 나타나고 있다. 즉 창조주 하나님은 구원자 하나님에 대해 종속되어 있다. 창조주 하나님은 하나님의 위대한 능력을 설명해 주는 방편으로 부수(부가)적 입장에서 설명하고 있다.

② **창조는 하나님의 구원행위의 한 행동으로 찬양하고 있다**

⇒제2이사야의 창조이해는 구원사적, 구속자적 창조이해이다. 창조신앙이 선택신앙의 대체로 등장했고, 그 과도기는 제2이사야였으며, 나아가 구속사 신학의 방편으로 나타난 것이다.

2.2.1.1.3. 시편의 창조 보도

– 찬양시>창조시로서, 창조시는 찬양시의 범주에 들어가는 것으로 시 8, 89, 74편인데, 89편은 포로후기에 쓰인 것으로 '창조는 인간에게 베푸신 하나님의 은혜의 한 예'로 제시하며, 74편은 공동체 탄식시로서 12～17절이 찬양시적인 내용으로 되어 있다.

– 특징으로는 창조와 구원사의 신학이 결합되어 나타나고 있는 것이다. 하나님의 창조활동은 하나님이 구원을 행할 수 있는 자의 증거로 제시함을 의미한다.

2.2.1.1.4. 지혜문헌의 창조 보도

– 욥 38, 잠 3:19～20, 8:22ff, 14:31, 20:12
– 창조신앙이 중심적 위치를 차지한다. 창조언급이 구원사의 보조수단이 아니라 절대적 신앙의 근거로 노래되고 있다. 독립적 위치에서 등장하고 있는 것이다.

2.2.1.1.5. J+P 문서의 창조 보도

- 원역사 안에서 여러 주제 가운데 창조가 차지하는 위치는 무엇인가?

2.2.2. 죄의 침입과 그 증대(창 3~11장)

2.2.2.1. 구약의 죄 이해

죄(罪)

- 죄에 대한 신학적, 이론적 반성은 구약에서 찾기 힘들고, "언제, 어디서, 누가, 어떤 범죄를 행했는가?"에 대해서 주로 언급함. 즉 죄 일반에 대한 신학적 반성은 없다.

- 특히 조직신학적 입장에서 죄에 대한 언급은 창 2~3장, 창 6:5, 8:21, 12:23, 17:9, 시편 14:25, 51:5, 116:11로서, 한편 시 51:5 "내가 죄악 중에 출생하였음이여, 모친이 죄 가운데 잉태……."는 원죄론에 대한 입장이다. 그러나 이 구절이 실제 원죄론인지 아니면 개인적 불행, 질병, 고통, 탄식 등을 말하는 것인지 생각해 볼 문제이다. 이 구절이 죄 자체를 체계화하려는 의도는 아니다.

☞ **역사서**

ⅰ) 신명기사가: 죄를 국가의 운명과 관련시켜 이해하는 것으로 역사해석 방법의 일환으로 설명하고 있다. 즉 인과응보적이며 집단적이다.

ⅱ) 역대기사가의 역사서: 죄는 개인의 운명과 연관된다.(개인적)

2.2.2.2. 창 3~11장의 죄에 대한 이야기

– 설화체 형식으로 이 땅의 죄의 침입 및 증거에 대해 이야기하는 것으로 이론적, 체계적 서술은 아니다. 설화체 형식 안에 동화적 모티브(에덴동산에서 동물과의 대화), 신화적 모티브(하나님의 아들들과 사람의 딸들의 결혼), 지혜 문학적 모티브(선악의 문제)가 있다. 이러한 형식으로 죄에 대한 문제를 다루고 있다.

※선악과 이야기: 죄의 침입에 대한 이야기로 선악과를 따 먹는 것으로부터 죄가 시작된다. 그러므로 악(죄)의 출발은 하나님에게 있지 않고 인간에게 있음을 말하려는 의도이다.

☞ **죄와 죄의 결과에 대한 이해**

ⅰ) 죄란 하나님과 같이 되려는 일체의 행위로 피조물로서 본분을 망각하는 행위, 하나님의 명령, 말씀에 대한 불순종의 행위이다.

ⅱ) 죄의 결과

  a. 자기와의 갈등(부조화): 수치, 공포, 두려움(내면의 균열)

  b. 하나님과의 부조화: 에덴으로부터의 추방(스스로의 결단)

  c. 타인과의 부조화: 자기를 감추는 행위, 종속과 지배의 관계

  d. 자연과의 부조화: 가시나무＋엉겅퀴, 저주받은 땅에서의 노동, 피조세계와의 갈등과 적대감

2.2.2.3. 본문 주석

2.2.2.3.1. 에덴에서의 추방(3장)

2.2.2.3.2. 가인과 아벨(4:1~16)

1) 본문의 구조

■ **4장의 구성**

① 족보(3개): 아담, 가인, 셋－1~2a 아담의 족보, 2b~16 살인
사건, 17~24 가인의 족보, 25~26 셋의 족보

② 이야기(1개): 살인사건 이야기

－살인사건 이야기는 독립적이었으나 족보 사이에 끼어 이야기가
확대되었음.

－족보는 고대의 역사를 가장 간략하게 축약시킨 형태

■ **2b~16 '살인사건'에 대한 이야기: 3장 구조와 매우 유사**

－범죄→적발→하나님의 재판→선고(추방): 3장 에덴에서의 추방,
4장 고향 땅 추방

－3장과는 하나님이 재판관으로서 동일한 것이며, 차이점으로는
3장은 남자－여자－하나님을 향한 범죄이고, 4장은 형과 동생의 관
계이다.

2) 가인과 아벨의 신학적 의의

① **겐 족속의 운명과 매우 밀접한 관련**

－미디안 족속의 특이한 운명: ⅰ) 야훼 숭배자, ⅱ) 삶의 방식은

경작지를 갖지 못하고 안식처 없이 떠도는 방랑의 생활, iii) 몸에 특이한 문신으로 야훼에게 소속되어 있다는 표시

② 겐 족속과 이스라엘 사람들은 역사적으로 밀접한 관련

ⅰ) 모세의 장인 이드로는 미디안 족속의 제사장(출 2~3:18)이었으며, 부인도 미디안 사람

ⅱ) 삿 4:11 '게데스'는 유다 남쪽 지역으로 모세의 장인의 자손들이 출애굽에 동참하여 머물러 산 곳

ⅲ) 삿 1:16 '남방 유다 황무지'에 유다자손과 함께 거함.

ⅳ) 민 10:29~32 모세가 호밥에게 광야길 안내 요구

ⅴ) 삼상 15:6 사울과 아말렉 사이 전쟁에 있어 아말렉에 섞여 사는 겐 사람의 피신 요구함. 이유는 출애굽 시 이스라엘 백성을 선대했으므로…….

ⅵ) 대상 2:55 '레갑 조상의 후예 겐 족속' 야훼 신앙 철저 고수

ⅶ) 삿 5:24 '드보라의 노래' 중 '야엘'도 겐 사람

ⅷ) 삼상 30:29 다윗시대 겐 사람들이 이스라엘 사람의 영토 안에 거주

■ 결론적으로

ⅰ) 이스라엘 사람들과 겐 사람들은 역사적으로 친밀관계 유지

ⅱ) 겐 사람들의 일부는 이스라엘 사람들과 함께 생활하였음.

ⅲ) 겐 사람들은 야훼 종교에 충실했던 사람들이다(이스라엘 야훼종교의 영향).

☞ **J 기자의 의도**

① 겐 족속의 비극적인 운명을 바라보면서 J 기자는 낙원에서 추방된(죄인된) 인간의 원초적인 모습을 읽어 낸 것이다. 겐 족속의 비극적 실존 속에서 죄악 된 인간의 비극적 운명을 읽어 내었다.

－J 기자는 지리적, 역사적 요소를 제거해 버리고 겐 족속의 이야기를 보편적인 원 인류의 사건으로 해석하였다. 즉 과거의 사건을 현재에 투영시켜 하나님의 구원사를 해석해 보았다.

② J 기자의 놀라운 통찰력(신학적 깊이): 가인의 죄가 하나님을 떠난 상태에서 일어난 것이 아니라 하나님께 가까이 나아가려는 제의의 현장에서 일어났다는 것을 지적하고 있다.

③ J 기자가 이해하지 못하는 한 가지, 그럼에도 원역사의 기본 메시지가 되는 것은 하나님을 반역한 죄인조차도 사랑하시고 보호하시는 불가해한 하나님의 사랑과 은혜이다. 이는 하나님의 구원의 의지이며, 하나님의 계획을 이해할 수 없으나, 그럼에도 이러한 방법을 통해 하나님은 역사를 이끌어 가신다.

2.2.2.3.3. 노아의 홍수(6:5~8:22)

1) J 문서의 홍수설화

① 인간들의 죄에 대한 보편성(＝인간 범죄의 보편성): 인간의 죄악은 인간 세계 전체에 퍼져 있다(6:5~7 땅위에 가득).

② 인간 본성에 대한 예리한 통찰: 창 6:5 "인간의 마음의 생각이 항상 악하다." 즉 J 기자는 인간 내면의 세계를 통찰한다. 하나님의 심판 결정은 외형적 판단의 기준이 아니다.

- 8:21 "어려서부터 악하다." 즉 인간의 죄성에 대한 철저한 고발이다.

③ 하나님의 인간적 감저에 대한 강조(의인론적 표현들): 하나님의 마음 상태를 '근심, 슬픔, 후회, 실망, 한탄, 흠향' 등으로 표현(＝신인동형동감론적 표현).

- 6:6 "근심하시사 한탄하심": 생생하고도 역동적인 의지를 가진 하나님의 인격을 말할 때 사용한다. 이러한 인간적 감정들이 노아에게 은혜를 베푸시는 실제적인 동기가 되었다.

④ P 문서에 비해 많은 부분을 상실했다: 홍수설화 내용은 후대 문서인 P 문서가 설화의 최종적 형태를 결정하였기 때문에 J 문서는 많은 부분을 유실했다.

- 홍수 예고, 방주 지으라는 명령, 배의 완성 보도, 방주로부터 나가는 과정, 노아에게 복을 주시고 계약 체결 등은 J 문서에 등장하지 않는다(계약은 P 문서에만 등장). J 문서에 따르면 노아는 맹목적인 순종을 강요당한 인물이다.

⑤ 방주 안에 들어간 동물들의 숫자: 깨끗하고 정결한 짐승은 암수 7쌍, 부정한 짐승은 2쌍.

- 배경은 고대 근동의 제의와 밀접하게 관련되어 깨끗한 짐승과 부정한 짐승으로 구분.

⑥ 재난의 정도는 심각하지 않다: '비'만 40일(반면 P 문서는 하늘＋땅의 우주적 재난)

⑦ P 문서에 비해 섬세하고 생동감 있게 홍수 심판과정이 묘사되고 있다

- 비둘기, 까마귀 이용(반면, P 문서는 무미건조하고 신학적 주제에만 집중)

⑧ 땅의 보호에 대한 지대한 관심: 8:21~22 "다시는 땅을 저주하지 않으리라."

 - 인간과 땅의 우호적 관계로서의 회복 강조, 땅의 회복은 하나님의 구원사역의 획기적인 전환점의 의미이다.

⑨ 하나님의 구원의지의 지속성 강조: 하나님의 홍수심판은 죄의 만연을 방지하려는 결단이다. 그래서 하나님의 홍수심판은 사랑의 역설적 표현이다.

2) P 문서의 홍수설화

① 죄의 침입사건에 대해서는 침묵: 죄의 유입, 불순종 사건 등의 소개 전무하다. 단, 죄에 대한 관심으로는 6:11 "온 땅이 하나님 앞에서 패괴하여 강포가 땅에 충만", 6:12 "모든 혈육 있는 자의 행위 패괴"인바, 이는 단계적 죄의 증대에 대해서 언급지 않고 갑작스럽게 죄에 대해 고발하고 있다.

② 죄악에 대한 강한 고발 시도: J 문서에서는 인간의 죄에 집중, P 문서는 인간 범죄+온 땅(인간과 짐승, 자연문제 포함)의 범죄 포괄(총체적 죄악)

③ 죄의 문제를 개념화하거나 신학화해 설명: J 문서는 사건 중심 이야기체 설명이나 P 문서는 중요단어를 개념화하고, 거기에 신학적 의미를 붙였다.

 - 강포(הָמָס): 죄의 극단성 설명, 홍수 이전 인간생활의 특징을 설

명한다. 이는 법질서의 완전한 파괴 상황을 말하는 것으로 혼란의 심각성을 설명한다.

　－패괴(תחשׁ): '부패, 타락, 손상, 못쓰게 되었다'의 의미로 온 땅이 철저하게 파괴되었다는 의미

　－종결(קצ): 하나님의 심판의 육체적 종결을 초래했다. 예언자적 종말론적 어법(암 8:2, 합 2:3, 겔 21:30,34)으로 주로 사용하였다.

　－홍수(מבול): 단순히 '비', '홍수' 개념이 아니라 하늘에 있는 대양(하늘 바다)을 말한다. 즉 우주 전체에 미치는 대재앙이다. 이는 전 세계 구조의 붕괴를 말한다.

　④ 홍수사건을 하나님의 은혜의 사건으로 생각(J 기자와 동일)

　　ⅰ) 홍수 심판 이후 하나님은 새로운 세계 질서 허락(제2의 창조 준비): 강포 견제 위해 특별한 질서 허락, 즉 짐승 도살 등 허락하되 인간의 생명만큼은 여전히 하나님의 주권 안에 둔다.

　　ⅱ) 계약을 체결해 주심으로 새로운 축복을 받을 수 있는 통로를 열어 놓았다. 계약은 심판에서 벗어날 수 있는 돌파구이다.

　⑤ 섬세하게 정리된 연대기: 정확한 날짜, 진행과정, 방주의 크기 등 사건을 일지화하여 서술한다. 이는 하나님의 행동의 구체성과 객관성을 묘사하려는 노력이다.

　3) 홍수설화의 신학적 메시지

　① 하나님은 세상을 완전히 버리지 않으셨다. 홍수심판도 하나님의 최종적인 역사 결정이 아니었다. 하나님의 은혜, 사랑, 관용을 보여 주신 커다란 사건이다. 즉 심판은 새로운 출발, 축복을 위한 서

곡이다.

- 단지 P 기자는 포로기와 밀접히 관련, 실존적인 해석을 부가하여, 선택받은 이스라엘 왕국의 멸망도 사랑의 과정으로 매질하여 새로운 축복을 기대한다는 동시대의 메시지이다.

② 하나님은 반드시 죄를 심판하시는 분이다. 죄에 대해서 분노하시는 분이다.

- 대홍수는 단순히 자연재해가 아니라 하나님의 의의 심판의 결과이다. 하나님은 언제든지 물은 아닐지라도 혼돈에 빠지게 할 수 있는 권능과 자유를 소유하신 분임을 경고하는 것이다.

모세오경은 구약의 계약신학이다

◑ **3가지 질문**

1) 구약의 의미

2) 구약에서의 계약체결 사건들

3) 계약의 연대문제(계약 '율법'과 예언의 한계)

ⅰ) 모세시대: 시나이산 계약체결을 후대에 첨가된 것으로 보는 견해도 있음.

ⅱ) 신명기(Dtn) / 신명기사가(Dtr): B.C. 622년 종교개혁(왕하 22~23장)과 관련 신 12~26장(원신명기)

－율법이 계약의미로 문서화되어 사용된 것은 622년 원신명기이며, 신명기사사가 고차원적으로 높였고, 실질적으로 사용했다는 주장(널리 인정되는 학설임).

－'호세아'서에서 5회 사용된 계약은 신명기사가에 의해 후대에 첨가되었음을 주장함.

ⅲ) 8C 문서예언자: 계약(율법)이란 단어를 알지 못했음. 5회 사용된 계약은 앞뒤 문맥상 후대 첨가가 아니다.

1. 어원학적인 접근

- 언약(בְּרִית): Lxx는 διαθήκη, 라틴어역(불가타)은 Testamentum
- 기원은 불확실: 대부분 학자들은 창 15:9ff 17절 '타는 횃불'은 하나님의 임재 상징(암염소, 암소, 수양, 집비둘기, 산비둘기), 렘 34:18~21(송아지)에 나오는 의식에(계약체결과 짐승 쪼개어 당사자 지나감) 근거함.

     i) 아카드어 biritu(비리투): 쪼개다, 자르다
     ii) 아카드어 birit(비리트): 중간
     iii) 히브리어 בָּרָה(바라): 선택하다, 결정하다, 의무를 지우다

2. 언약의 원래적 의미

1) **쿠취(kutzsch), 페터슨(Petersen):** 계약은 원래 동등성에 기초하고 있는 의식이다. 동등성이란 쌍방 간의 의무로서 공동관계의 완전성을 지향하는 것이다. 즉 서로 간의 책임과 의무를 지향하는 것으로 평화와 상호불가침을 위해 이루어진 것이다. 이는 세속적으로 사용된 법률 용어가 성서 안으로 들어오게 된 것으로 본다.

     i) 창 26:26~33 '아비멜렉과 이삭'
     ii) 창 31:43~54 '야곱과 라반 사이의 계약' – 라반의 딸 이외의 아내 삼지 말 것
     iii) 여 9장~15절은 여호수아(이스라엘)와 기브온의 화친조약

ⅳ) 삼상 18:3~4 '다윗과 요나단의 사랑의 언약'

2) 베그리히(Begrich): 언약은 동등하지 않은 두 상대자의 관계를 규정함.

– 강한 자가 약한 자를 종속시키려는 강제적 협약이다: 수 9:6ff '기브온과의 협약', 왕상 20:34 '벤하닷과 아합', 삼상 11:1 '암몬과 야베스'

– 강한 자가 요구하며, 약한 자는 단순히 수동적인 수용의 가능성만 놓여 있다.

– '하나님과 이스라엘 백성 사이의 계약'은 동등성이 아니라 일방적인 것으로 인간은 수동적으로 반응한 것이라 주장(강자 요구→약자 의무 준행)

3. 고대 근동에서의 계약체결 의식

1) M. Noth: 마리(Maritext)를 연구, 마리에서는 종족 간 계약 시 당나귀를 잡아 제사 드린 뒤 계약

2) G. E. Mendenhall(멘델홀): B.C. 14~13세기 히타이트 시대의 봉신 간 체결된 [봉신조약]을 연구하고, 구약에서의 계약사상과의 유사점을 밝히기 위해서 노력함.

– **멘델홀의 최종결론**: ⅰ) 이스라엘은 히타이트로부터 계약의 형식을 수입했고, ⅱ) 이스라엘의 계약사상은 고대적이다.

– 멘델홀 발견 봉신조약의 순서: 조약체결 시 6개의 기본요소가

실행되었음.

⇒이러한 의식은 후대에 삽입된 것이 아니라 고대적이며, 히타이트에서 빌려 온 것이다.

	봉신조약	시나이산 계약(출 19~24장)
①	**군주의 이름과 칭호가 있는 서문** (약소국가의 신하와 임금 간 계약 체결자의 이름)	출 20:1,2b '여호와'
②	**역사적 서언** (역사적 상황에 대한 설명)	출 20:2a '출애굽'
③	**조약의 내용들**(개별조항들)	출 20:3~17 '십계명'
④	**조약문의 선포** (서로 지킬 합의된 내용, 의무사항)	출 24:7 '선포'
⑤	**증인 목록**	없음(유일신 사상 때문)
⑥	**축복과 저주** (지킬 경우 / 지키지 않을 경우 설명)	출 24:9~18 '하나님의 현현과 계약체결 의식' 대신 등장

3) McCarthy(맥카시): 멘델홀 비판

i) **역사적으로 출애굽 그룹(13~12C)이 가나안 땅으로 들어갈 때 히타이트(B.C. 1800~1200)로부터 계약형식을 취했다는 증거가 없다.** 역사적으로 두 나라의 접촉점이 없음.

ii) **출 19~24장 '시나이산 계약'의 성격은 히타이트 조약과는 성격이 다르다.**

– 시나이산 계약은 히타이트에선 낯선 제의적 계약체결이다. 즉 히타이트의 봉신조약은 군주와 신하의 인간적 계약이나, 시나이산

계약은 하나님과 인간 사이의 종교적 계약이다.

　iii) **출 19~24장 '시나이산 계약'을 제외한 나머지 다른 계약 체결에서 일치되는 본문은 없다.** 단, 개별적인 조항만 있을 뿐이다.

　⇒**결론적으로 계약의 고대성은 인정할 수는 있지만, 이것도 이스라엘의 독창적인 사상이다.**

4. 구약에서의 계약(시나이산 계약)

　1) W. Eichrodt(아이히로트)

　ⅰ) **구약의 중심개념은 언약이다:** 언약은 하나님과 이스라엘 백성사이의 상호 관계성을 정확하게 표현해 주는 단어이다(하나님과 이스라엘의 특수관계).

　ⅱ) **계약사상은 매우 오래된 신학사상이다:** 모세시대부터 이스라엘 역사 말기까지 흘러 내려온 중요한 사상이다.

　ⅲ) **예언자의 선포는 시나이산 계약사상에 근거한 것이다:** 예언자들은 모세와 하나님 사이에 맺은 계약을 파기한 이스라엘의 범죄행위에 대한 고발을 선포한다. 따라서 "예언자는 율법(토라)의 해석자이다."라는 정의가 나왔다. 따라서 율법이 먼저 생겨나고, 예언자들은 후에 율법을 토대로 이스라엘 백성을 질타하게 된다.

　2) Schemuel(세무엘): 유대인 랍비로 AD300년 주장

　–**"예언자는 모세의 율법을 넘어서는 그 어떤 메시지도 말하지 않았다."**: 어떤 면에서는 예언자의 활동을 축소한 의미로, 예언자는

율법의 해석자에 불과한 것으로 비춰짐.

  ※ 즉 율법이 예언보다 오래되었다.

  3) M. Luther(마틴 루터)

  -"예언은 율법의 설명에 지나지 않았다.": 예언은 율법의 현재적 실천과 적용이었다.

  ☞ 이들이 기초를 둔 시나이산 계약의 특징

  ⅰ) 불평등 계약: 행동하는 자는 오직 야훼, 모세는 수동적인 수용자

  ⅱ) 조건적 계약: 율법의 준수 여부 따라 이스라엘의 미래가 달려 있다.

  - 잘 지키면 약속된 축복(땅, 후손)을 받고, 잘 안 지키면 심판과 저주

  ⇒이는 고대적이고 모세와 관련되며, 계약은 구약 전체에 관통하고 있는 가장 중요한 신학사상

5. 시나이산 계약 사상에 대한 비판

  1) Duhm(둠): 1875년 「예언자의 신학」 저

  - 예언자는 율법과 무관한 자유인이고 오히려 하나님과 직접 교통했던 창조적인 인격의 소유자임.

  - 예언자는 이스라엘의 종교를 자연종교 또는 제사종교의 수준에

서 윤리종교로 발전시킨 자들이다. 율법은 오히려 예언자들의 선포의 결과물이다.

2) Wellhausen(벨하우젠)

- 유다 왕국 말기 이전에는 계약이라는 단어가 이스라엘에 알려져 있지 않았다.

- 이스라엘에 계약이라는 단어가 들어온 것은 요시야 개혁(622) 시 발견된 신명기 법전(12~26장) 이후

3) R. Kraetzschanar(크라에쯔 쉬마르): 1896년 주장

- 계약사상은 예언자들의 활동의 결과이다. 즉 예언자들의 활동 이후에 생긴 신학이다. 예언자들은 시나이산 계약(율법)의 해석자가 아니다. 그러므로 예언이 율법(P 문서에서 체계화)보다 빠르다.

- 모세종교의 야훼종교는 자연종교에 불과했었다.

4) B. Stade: 1905년

- 이스라엘과 야훼의 관계를 계약으로 인식한 최초의 인물은 예레미야(6C)이다.

5) L. Perlift: 저서 「Bundestheolojie im A.T」, 동안의 계약사상 완전 정리 체계화

- 계약사상은 신명기 / 신명기사가의 독점적인 신학개념에 속한다. 따라서 신명기 / 신명기사가 이전의 언약이라는 단어는 모두 비신학적인 용어이거나 후대의 첨가로 결론지었다.

- 이스라엘이 계약을 지키지 못했기 때문에 멸망했음을 증거 하기 위해 모든 율법을 모세로 소급시키고 있을 뿐 진짜는 신명기 이후에 등장한 것이다.

- 계약이라는 단어는 이스라엘 역사 초기에 전혀 중요한 역할을 감당하지 못했다.

☞ **이러한 이론의 근거**

ⅰ) **언약(בְּרִית)이라는 단어가 왜 8C 예언자들의 선포에 등장하지 않는가?** 심지어 아모스의 경우 광야생활, 출애굽 사건 등을 중요시하게 다룸에도 언약이라는 단어는 찾아볼 수 없다.

ⅱ) **언약(בְּרִית)이라는 단어가 왜 J와 E 문서에 등장하지 않는가?**

ⅲ) **이스라엘의 초기역사를 회고하는 본문들(신 26, 수 24, 삿 11장＝구원사에 관한 옛 진술들)에 거의 나타나지 않는다.**

ⅳ) **포로 후기문서인 느헤미야 9장에 가서야 비로소 언약이란 단어가 신학화되어 구체적으로 실천되었다.**

⇒**따라서 이러한 이론을 근거, 구약의 계약이라는 단어는 신명기 사가 / 신명기적 작업에 의해서 고대의 전승 안으로 삽입된 후대의 신학이다.**

6) **Gunneweg(군네벡)**

- 출 19장～민 10장[시나이산 본문] 부분은 출애굽 전승 본문 가운데 독립적이었다. 왜냐하면 시나이산에서 머물러 민수기까지 행진을 하지 않음이 출애굽 사건의 흐름을 완전히 방해하고 있기 때문이다.

- 이 시나이산 본문 안에는 3가지의 중요한 사건이 결합되어 있다.

ⅰ) 계약체결(출 24:1ff, 34:10ff), ⅱ) 법수여(십계명: 출 20:1～17, 언약서: 20:22～23:19, 성결법: 레 17～26장, 제사법전: P 문

서), ⅲ) 하나님의 현현(출 19, 24:15∼18)

⇒여기에는 농경생활과 관련된 법조문으로 노예문제, 맥추절, 무교절, 희년, 수장절 등이 등장하고 있는데, 모세는 이것을 경험하지 않고 기록하였음을 알 수 있다. 따라서 이것은 원래적이 아니라 경험 후 살아가면서 만든 법을 신학화하기 위해 모세가 받은 것으로 소급시키고 있다.

－모세에게 소급시키는 이유는

ⅰ) 율법은 거룩한 땅(시나이산)에서 선포된 것이다.

ⅱ) 율법은 이스라엘의 가장 위대한 지도자 모세를 통해 받은 것이다.

ⅲ) 율법은 이스라엘 역사 초기에 받은 것이다.

6. 계약 신학에 대한 새로운 이해

1) W. Zimmerli(침멀리):

－창 15:17절 근거로 계약사상은 신명기 이전부터 존재하고 있었다. 단 בְּרִית라는 단어를 사용한 것은 아니지만 이 계약체결의 의식 / 의미는 고대로부터 전해 내려온 신학 사조이다. 왜냐하면 창 15:17 '타는 횃불'을 하나님으로 보았기 때문이다. 따라서 D 문서나 신명기 문서가 아니며, 또한 잘 다듬어진 후대 문서도 아니다. 이것은 하나님께서 불 모양으로 쪼갠 고기 사이를 지나면서 계약에 동참하고 있다는 고대적 표현이다. 이것은 족장시대와 관련된 의식이며 세

속적인 것이 아니고 하나님과 인간 사이의 언약인 것이다.

– 본문은 계약사상이 고대 전승에 포함되고 있다는 중요한 증거가 된다. 8C와 J+E 문서에 나오지 않은 이유는 계약이라는 법적인 사고에 낯설었기 때문이다. 즉 계약이라는 사상을 몰라서가 아니며, 예언자들의 선포는 이 계약사상에 기초한 것이다.

2) A. Schoors: 1998년 주장

– 호세아에 5회 등장하는 언약(호 2:20,6:7,8:1,10:4,12:2)을 다시 검토한 결과 5개 모두를 신명기 사가에 소급시킬 수 없으며, 이는 호세아의 기본 선포에 속하는 것이다. 호세아는 전승으로 내려오던 계약사상을 신학화한 예언자다. 그리고 후기(혹은 신명기)에 지대한 영향을 미쳤다.

호 13:4는 십계명의 제1계명, 호 4:2는 십계명의 제6, 7계명과 비슷하다. 호세아는 구두 전승을 통해 알고 있었고, 호세아에 의해 다듬어져 사용되었다. 따라서 십계명처럼 언약도 마찬가지로 사용되었다.

7. 다윗 계약 – 삼하 7장의 나단 예언

1) 삼하 7:1~7, 8, 11절은 고대적이며, 야훼의 약속이 오직 다윗에게만 포함된다.

2) 삼하 7:23~13, 16절은 후대의 층으로 야훼의 약속이 다윗의 후손에게까지 확대.

☛**계약의 특징**

　ⅰ) 무조건적 축복

　ⅱ) 영원한 축복(16절): 조건적 아닌 무조건적

　⇒**하나님과 이스라엘의 관계는 결코 깨어질 위험성이 없는 관계이다. 그리고 다윗의 집은 영원하다. 이는 율법준수와 관계없이 단절될 수 없고 영원하다.**

8. 시나이산 계약과 다윗 계약의 신학적 의의

　- 시나이산 계약은 조건적이고 다윗계약은 무조건적으로 상호 모순적인 것 같지만 이스라엘에서는 상호 보완적 작용을 하였다.

　- 위기에 처했던 이스라엘은

　ⅰ) 역사에 대해 회고함으로 잘못을 회개하여 시나이산 언약의 의미를 현장화하고

　ⅱ) 미래에 대한 긍정적 역사관을 갖게 된다. 즉 패망했지만 하나님은 다윗과 맺은 언약을 아직 파기한 것은 아니다. 따라서 우리가 회개하고 돌아서면 하나님의 진노는 멈출 것이다. 하나님의 계약은 영원한 것이기 때문에 이 고난의 시간은 결국 종식될 것이다. - 그리하여 이 계약사상은 포로 후기 메시아 사상으로 이어져서 다윗 가문에서 메시아 출생을 기대하게 만들었다.

　- P 문서는 3개의 역사를 4개의 계약사건으로 해석

계 약	본 문	계약의 증거	내 용
1. 창조계약	창 1:1~2:4a	안식일	− 계약이라는 단어 미등장 − 태초에 하나님과 인간이 맺은 계약
2. 노아 계약	창 9:9	무지개	− 무조건적 계약(전 세계를 향한) − 다시 홍수 심판 없음의 구원의 약속
3. 아브라함 계약	창 17:3	할례	− 무조건적 계약 − 후손과 땅에 대한 축복
4. 모세 계약	출 19ff	율법	− 조건적 계약 − 삶의 표준 제시

Ⅱ.

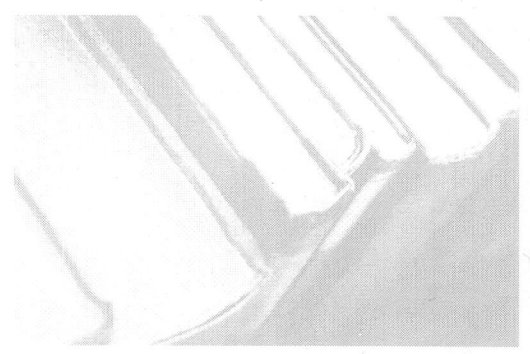

모세오경의 구체적인 내용

1. 오경에서 말하는 제사

1. 여호와께서 모세를 부르시고 회막에서 그에게 말씀하여 이르셨다.

2. "너는 이스라엘 자손에게 말하고 그들에게 이르라. 너희 가운데 누구든지 여호와께 제물을 드리려거든 가축, 곧 소들이나 양들 중에서 너희 제물을 드려라.

3. 만일 그의 제물이 소를 드리는 번제이면 그는 흠 없는 수컷을 드리고, 회막문에서 그것을 드려 여호와 앞에 기쁨이 되게 해야 한다.

4. 그는 번제물의 머리 위에 자기 손을 얹어야 한다. 그리하면 그것이 그를 대신하여 받아들여져 그를 위해 속죄할 것이다.

5. 그는 여호와 앞에서 그 수송아지를 잡아야 하며, 아론의 자손 제사장들은 그 피를 가져다가 회막 문에 있는 제단 주위에 그 피를 뿌려야 한다.

6. 그는 또 번제물의 가죽을 벗기고 그것을 조각으로 자를 것이며,

7. 아론의 자손 제사장들은 제단 위에 불을 피우고, 그 불 위에 나무를 벌여 놓아야 한다.

8. 또 아론의 자손 제사장들은 그 조각 낸 고기와 머리와 기름을 제단의 불 위에 있는 나무 위에 벌여 놓아야 한다.

9. 그는 그 내장과 정강이를 물로 씻어야 하며, 제사장은 그 모두를 제단 위에서 번제로 불살라 드려야 한다. 이는 화제, 곧 여호와께 향기로운 냄새이다.

10. 만일 그의 제물이 가축, 곧 양들이나 염소들을 드리는 번제이면 그는 흠 없는 수컷으로 드려야 한다.

11. 그는 북쪽 제단 옆 여호와 앞에서 그것을 잡아야 하며, 아론의 자손 제사장들은 그 피를 제단 주위에 뿌려야 한다.

12. 그는 그것의 머리와 기름과 함께 그것을 조각으로 잘라야 하며, 제사장은 그것들을 제단 불 위에 있는 나무들 위에 벌여 놓아야 한다.

13. 그는 그 내장과 정강이를 물로 씻어야 하며, 제사장은 그 모두를 가져와 제단 위에서 불살라야 한다. 이것이 번제요, 화제이며, 여호와께 향기로운 냄새이다.

14. 만일 여호와를 위한 그의 제물이 새를 드리는 번제이면, 산비둘기나 집비둘기 새끼 중에서 제물을 드려야 한다.

15. 제사장은 그것을 제단으로 가져와 그 머리를 비틀어 끊어 제단 위에서 불사르고 그 피는 제단 옆으로 흘려보내야 한다.

16. 그는 모이주머니를 그 오물과 함께 떼 내어, 제단의 동편 재 버리는 곳에 그것을 내던져야 한다.

17. 그는 그 날개와 함께 그것을 찢어야 하나 절단해서는 안 되며, 제사장은 그것을 제단의 불 위에 있는 나무 위에서 불살라 드

려야 한다. 이것은 번제요, 화제이며, 여호와께 향기로운 냄새이다.

기독교인 성경 분류인데, 모세오경, 역사서, 시가서, 선지서(대선지서, 소선지서)로 4부분으로 나뉜다. 오경은 창세기, 출애굽기, 레위기, 민수기, 신명기이며(5권) 역사서는 여호수아, 사사기, 룻기, 사무엘상, 사무엘하, 열왕기상, 열왕기하, 역대상, 역대하, 에스라, 느헤미야, 에스더 등 12권이다. 시가서로는 욥기, 시편, 잠언, 전도서, 아가로 5권이다. 그리고 선지서는 대선지서, 이사야, 예레미야, 애가, 에스겔, 다니엘로 5권이며, 소선지서는 나머지 12권, 호세아, 요엘, 아모스, 오바댜, 요나, 미가, 나훔, 하박국, 스바냐, 학개, 스가랴, 말라기이다. 그러나 유대인 분류로는 모세오경(토라, תורה), 선지서(네비임, נביאים), 성문서(케투빔, כתובים)로 나뉜다. 토라(모세오경)는 5권으로 기독교 분류와 동일하며, 선지서는 전선지서로, 6권인데, 여호수아, 사사기, 사무엘상, 사무엘하, 열왕기상, 열왕기하이다. 후선지서는 열두 소선지서와 이사야, 예레미야, 에스겔로 15권이다. 그래서 선지서는 총 21권이다. 나머지 13권은 케투빔(성문서)이다 (욥기, 시편, 잠언, 전도서 아가, 룻기, 예레미야애가, 에스더, 에스라, 느헤미야, 다니엘, 역대상, 역대하). 유대인 분류에서 우리가 주의해야 할 것은 기독교인 분류에서 역사서인 책들(여호수아, 사사기, 사무엘서, 열왕기서)이 선지서로 분류되었다는 사실과 또한 선지서 분류된 다니엘 같은 책이 성문서로 포함되어 있다는 사실이다.
모세오경의 히브리어 명칭은 '토라'(תורה, Torah) 이다. 이 단어는 히브리어 어근 'ירה'로 '가르치다'라는 의미이다. 또 다른 이름, '펜타 튜크'(Pentateuch, 오경)라는 명칭은 오리겐의 제4복음서 주석에서 그가 사용한 펜트(πέντε, 다섯)와 튜코스(τεύχος, 책)라는 이름에서 나온 것이다. 해리슨은 모세오경을 토라의 율법적인 개념을 강조하여, '하나님의 법'(תורת האלהים, 느 10:28-29), '모세의 책'(ספר משה, 스 6:18; 느 13:1; 막 12:26), '율법 책'(ספר הרורה, 수 8:34), '율법'(תורה, 스 10:3; 대하 14:4), '모세의 율법 책'(ספר תורת משה, 수 23:6; 왕하 14:6) 등으로 불렀다.2) 그러나 프랭크 크뤼즈만(Frank Crüsemann)은 토라는 훈계(잠 1:8), 교훈(시 78:1), 증거(시 78:5), 율법(시 78:10) 등의 개념으로 해석해야 하며, '토라'는 하나님의 뜻을 가장 나타내는 중요한 개념으로 사용되었으며(참조 신 4:44-45; 33:10; 31:9), 토라는 '율법과 복음, 격려와 요구'라는 긴장관계가 결합된 개념으로 이해한다. 반드시 오경은 전통적으로 구분한 '다섯 권의 책'으로써 구성되었는가 하는 물음에 위브레이(Whybray)는 최근에 와서 학자들 사이에서 육경(Hexateuch) 혹은 사경(Tetrateuch)으로서도 논쟁이 된다고 주장했다.3) 그 육경을 주장하는 학자들 사이에서는 약속의 땅에 이스라엘 백성들이 거주하는 사건을 서술하고 있는 여호수아가 오히려 오경의 이야기의 결론을 말하고 있다고 본다. 이런 면에서 이들은 여호수아를 포함시켜 육경(Hexateuch)이라고 부르고 있다. 벨하우젠(Julius Wellhausen) 같은 경우인데, 그는 19세기 말에 '이스라엘

---

2) Harrison, R. K., *Introduction to the Old Testament*. Grand Rapids: WEPC, 1991[1961], 495.

3) Whybray, R Norman, *Introduction to the Pentateuch*. Grand Rapids: WEPC, 1995, 1-2.

역사에 대한 서론'이라는 책에서 이 개념을 널리 보급했다.[4] 혹자들은 오경의 진정한 결론은 역사적으로 훨씬 뒤인 사무엘이나, 열왕기 상하의 시대적 배경인 왕정시대(Monarchy)의 역사에서 발견된다고 주장하기도 한다. 그러나 몇몇 학자들은(예를 들어 마틴 노트) 모세 사경(Tetrateuch)을 주장하는데, 이 주장의 근거는 신명기서가 다른 책들과 내용이 맞지 않으며 오히려 다른 많은 역사적 작품, 즉 신명기적 역사(Deuteronomistic History)에 포함되는 신명기, 여호수아, 사사기, 사무엘, 열왕기상하 등의 시작이 되기 때문이라고 생각한다.[5] 여기에서 이러한 주장들은 어떤 면에서, 각각 일리가 있는 주장같이 보인다. 이것은 그의 아브라함 자손들이 가나안 땅을 소유하고 점령하게 된다는 아브라함에게 하신 하나님의 약속이 – 이 주제는 한 가지 혹은 다른 연속되는 많은 사건들에서 지배적이다 – 마치 오경의 서술에서(narrative) 미완성으로 남아 있으며 완전한 성취가 여호수아에서 이루어지기 때문이다. 그럼에도 불구하고 신명기에서 원래의 약속들의 성취로 땅의 정복을 바라보면서, 앞으로 일어날 사건들이 현재의 적절한 시점을 만들고 있다는 것은 사실이다. 게다가 신명기의 언어, 문체, 그리고 신학적 주제들은 계속되는 성경들과 대단한 유사성을 가지고 있다는 것, 역시 사실이다.

---

4) Gooder, Paula(강대홍 역), *The Pentateuch: A Story of Beginnings(오경)*. 서울: 미스바, 2002, 15.

5) Whybray, R Norman, *Introduction to the Pentateuch*. Grand Rapids: WEPC, 1995, 2. 마틴 노트(Martin Noth)는 "신명기 역사"(1943, 독일어)(1981, 영어판)에서 이것을 주장했다.

그럼에도 불구하고 우리는 모세오경을 전체로 아니면 각 권으로 이해할 것인가? 자문을 하지 않을 수 없다. 위브레이(Norman Whybray)는 '모세의 다섯 가지 책들'(the Five books of Moses)이라는 표현으로 오경을 창세기를 별도로 모세의 위인전을 다루는 책으로 이해하고 있다.6) 즉 모세의 탄생이 출애굽기 2:2에 초반에 나오며, 그의 죽음이 또한 신명기의 마지막 부분에 있기 때문이다(신 34:5). 이렇게 함으로 그는 모세오경이 자유주의 학자들에게 모세가 들어감으로 반감이 드는 것을 문체적으로 모세의 삶을 다루는 것으로 합리화하고 있는 것이다. 이러한 주장은 크네림(Knierim)이라는 학자의 주장과도 비슷하다. 그도 모세오경은 모세의 전기라고 주장한다.7) 그러나 슈미트(Schmitt)는 모세오경이 믿음을 크게 강조하고 있는 통일된 구성 전략의 산물이라고 주장한다. 특히 아브라함과 모세를 대비시킴으로 율법 이전의 사람, 아브라함과 율법 아래 살았던 모세를 통하여 아브라함은 의를 얻고 모세는 광야에서 죽은 인물로 대비시키고 있다고 하였다.8)

모세오경의 구조

다음으로 모세오경의 구조를 살펴보자. 세일해머(Sailhamer)는 모세오경의 전체구조를 문학적으로 1) 율법부분(legal corpora), 2) 서술형(narrative), 3) 시형(poetry)으로 보았다.9)

---

6) *Ibid.*

7) Sailhamer, *John H., The Pentateuch as Narrative.* Zondervan P H, 1992, 64 – 5.

8) *Ibid*, 60.

첫째, 율법 부분은 모세오경을 이해하는 데 중요한 부분이다. 크네림(Knierim)에 의하면 모세오경에서 율법에 관한 부분은 전체의 68:5%나 된다고 하였다.[10] 이처럼 율법적인 중요성을 피할 수 없는 것이다. 예를 들어 (1) 언약법(Covenant Code: 출 20:22 – 23:33), (2) 성결법(Holiness Code: 레 17 – 26) 그리고 (3) 제사장법(Priestly Code: 출 25 – 31, 출 35 – 레 16)으로 구성된다.[11] 오경에 나타난 율법을 마이모니데스(Maimonides)라는 유대인 학자는 명령형법 '하라'라는 조항은 모두 다, 248조항, 그리고 '하지 말라'는 조항은 365조항, 총 613조항으로 구분했다.[12]

둘째, 서술형(Narrative)으로서 오경은 예시적인 효과를 추구하고 있다. 먼저 창세기 12:10 – 20은 창 41 – 출 12장을 예시하는데, 즉 아브라함은 미래의 이스라엘에 대한 그림자 혹은 모형이며, 롯은 미래의 '중다한 잡족'에 대한 모형인 것이다. 또 다른 모형론으로서 창 1 – 11장의 죄의 관영은 레위기 11 – 16장의 영내의 오염에 대한 모형론인 것이다. 발람의 서술도 바로 출애굽기 1:9과 민 22:3, 6의 연결로 어려운 상황 속에서도 백성들이 강성한 것을 보여 준다.[13]

마지막으로, 시형으로서 모세오경은 창세기의 마지막 부분 49:1 – 2에 나타나고, 출애굽기 15장 1 – 27절, 그리고 민수기 23:7 – 10,

---

9) *Ibid*, 35.

10) *Ibid*, 62.

11) *Ibid*, 47.

12) *Ibid*, 481 – 516.

13) *Ibid*, 37 – 44.

18 – 24; 24:3 – 9, 15 – 24, 그리고 신명기 32 – 33장에 나타난다. 이 모든 장이 서술형, 시형, 끝맺음말로 이어지는 중간에 위치하고 있는 것이다.14) 이와 같이 모세오경은 율법, 서사, 그리고 시라는 다양한 문학적인 형태를 가지고 있지만 모두 5권이라는 책이 전체적으로 하나의 주제와 일관성, 통일성을 가지고 있다.

오경의 단락과 주제

창세기에서 신명기의 책들의 단락은 다양하게 볼 수 있다. 크게 보면, 창세기는 1 – 11장(전 족장시대), 12 – 50장(족장시대)으로 나누어 볼 수 있다. 출애굽기는 1 – 18장(하나님의 구원), 19 – 24장(시나이산 언약), 25 – 40장(예배와 성막에 대한 규례 혹은 제사장 규례)으로, 레위기는 1 – 16장(제사와 정결법), 17 – 26장(성결의 규칙), 27장(축복)으로 나눌 수 있다. 민수기는 1 – 12장(시나이산에서 가데스까지), 13 – 21장(바란에서 모압광야), 22 – 36장(모압광야에서의 이스라엘)으로 볼 수 있으며, 마지막으로 신명기는 1 – 4:43(과거에 대해서), 4:44 – 28장(현재에 대하여), 29 – 30장(미래에 대하여)과 31 – 34장(부록)으로 구성되어 있다.15)

문서 비평학자들은 오경을 구분하는 방법 중에 언약법(Bundesbuch, 출 20:22 – 23:33), 제사장법(Priesterkodex, 출 25 – 레위기 16장), 성결법 (Heiligkeitsgesetz, 레 17 – 26장)들이 있다고 한다. 이 구분들은 사실상 문서 비평적이며, 오경의 통일된 연대를 받아들이지 않는 전제들이 있다. 예를 들어 언약법이라고 할 때 이것은 제사장법과는 기록연대

---

14) *Ibid*, 35 – 36.
15) 이학재, *구약성경에서 배운다*. 서울: 이레서원, 2001, 67 – 131.

가 다르다고 보는 것이다.16) 그럼에도 불구하고 우리는 내용상 구분
이라는 점에서 메튜(Victor Matthews)와 모이어(James Moyer)의 7개 구
분들을 참고할 수 있다.

1. 십계명(Decalogue): 출 20:1 - 7; 신 5:6 - 21
2. 언약법(Covenant Code): 출 20:18 - 23:33
3. 의식적 십계명(Ritual Decalogue): 출 34:11 - 26
4. 신명기법(Deuteronomic Code): 신 12 - 26
5. 성결법(Holiness Code): 레 17 - 26
6. 제사장법(Priestly Code): 레 1 - 16, 27장; 민 1 - 10장
7. 저주의 법(Curses Code): 신 27:14 - 2617)

오경의 주제는 오경 신학과 관련되어 있다. 구약신학 자체가 너
무 다양해서 한 가지 접근으로써 본문을 다 설명할 수는 없다.18)
허버트 울프(Herbert Wolf)는 그의 책, '오경 개론'(An Introduction
to the Old Testament Pentateuch)에서, 중요한 신학적 주제들은 하
나님, 인간, 구원, 메시아, 믿음, 구속, 언약들이라고 보고 있다.19)

---

16) Sailhamer, *John H., The Pentateuch as Narrative.* Zondervan P H,
   1992, 47.
17) Matthews, Victor H, Moyer, James C, *The Old Testament.* Peabody:
   Hendrickson Publishers, 1997, 63.
18) Hasel, Gerhard, *Old Testament Theology.* Grand Rapids: WEPC,
   1991[1972], 168. 최근 신학의 주제에 대한 연구가 많이 있어 왔으나,
   한 가지 주제로 다 종합할 수 없다고 하젤은 지적하고 있다.

폴라 구드(Paula Gooder)는 "하나님과 이스라엘 백성 사이의 관계의 발전 과정"을 중요한 주제라고 정의한다.[20) 세일헤머는 "믿음의 방법과 율법의 연약성을 드러내는 것"이 중요한 주제라고 결론짓는다.[21] 송제근은 오경의 핵심신학은 "하나님과 이스라엘 사이에 맺어진 언약"이라고 정의한다.[22] 다이어네스(William Dyrness)는 구약신학의 주제로 14가지로 소개하면서, 오경과 연관되어 하나님의 자기 계시(The Self-Revelation of God)와 하나님의 본성(the Nature of God)을 가장 먼저 다루고 있다.[23] 이런 면에서 오경은 하나님이 자신을 계시하시는 것이 중요한 주제 중 하나라고 보아도 과언이 아니다. 물론 다른 신학적 주제도 포함하고 있지만 말이다. 하나님의 자기 계시를 가장 큰 핵심적인 주제로 본다면, 창세기는 '창조주 하나님'(창 1:1 *베레이쉬트 바라 엘로힘 에트 하샤마임 버에트 하아레쯔*), 출애굽기는 '구원의 하나님'(출 6:6-7, *아니 아도나이(야훼) 베호체티 에트켐 미타하트 시베로트 미쯔라임*), 레위기는 '거룩하신 하나님'(레 19:2 *키 카도시 아니 아도나이(야훼) 엘로헤이켐*), 민수기는 '인도하시는 하나님'(민 15:41 *아니 아도나이(야훼) 엘로헤이*

---

19) *Ibid*, 23-40.

20) Gooder, Paula(강대흥 역), *The Pentateuch: A Story of Beginnings(오경)*. 서울: 미스바, 2002, 10.

21) Sailhamer, *John H., The Pentateuch as Narrative*. Zondervan P H, 1992, 62.

22) 송제근, *오경과 구약의 언약신학*. 서울: 두란노, 2003, 16.

23) Dyrness, William, *Themes in Old Testament Theology*. London: Paternoster Press, 1988[1977], 1-34.

켐 아셸 호체티 에트켐 메에레쯔 미쯔라임), 신명기는 '신실하신 하나님'(신 7:9 키 아도나이(야훼) 엘로헤이하 후 하엘로힘 하엘 아네아만)으로 자신을 계시한다고 볼 수 있다.

좀 더 자세히 보면, 창세기는 전반부(1 – 11장)에는 인류의 시작과 실패의 연속과 하나님의 구원의 주제가 전체적으로 흐른다. 그리고 후반부(12 – 50장)에는 아브라함(12 – 24장), 이삭(25 – 26장), 야곱(27 – 36장), 요셉(37 – 50장)이라는 네 족장인 한 가족의 역사를 통하여 구원의 역사가 진행되고 있다. 이러한 선택을 통한 하나님의 언약은 모든 민족들을 축복하시고자 하는 하나님의 구속사의 시작인 것이다 (창 18:18). 출애굽기는 분명한 출애굽의 목적을 보여 준다. 즉 1 – 18장의 백성들을 애굽에서 구원한 것으로 모든 것이 끝난 것이 아니다. 다음으로 하나님의 백성으로서 그들은 말씀을 받고(19 – 24장), 언약 백성에 합당한 삶인 거룩의 삶으로 요구받는다(출 25 – 레 16장, 성결법). 레위기 역시 시나이산에서 계속적으로 주시는 말씀의 내용인데, 바로 '거룩한 백성' 혹은 제사장으로서 17 – 26의 거룩한 법을 받는 것이다. 민수기는 약속된 땅에 들어가기 위해 처음 준비했던 모습과 계속적으로 행군하고 장소, 장소에서 많은 어려움을 통해 백성들이 하나님께 인도되며, 훈련되는 것을 보여 준다. 마지막으로 신명기는 이러한 삶을 돌아보고, 자신을 다시 평가해 보고, 하나님의 약속의 땅을 들어가는 축복을 점검해 보는 것이다.

오경의 저작권

오경의 저자가 모세라는 증거를 성경은 보여 준다. 첫째로, 하나님은 역사적인 사건을 모세에게 기록하라고 하셨다. 예를 들어 신명기 31:24에는 "모세가 이 율법의 말씀을 다 책에 써서 마쳤다."라고 기록하고 있으며, 민수기 33:2에는 모세가 "여호와의 명대로 그노정에 따라 그 진행한 것을 기록하였다."고 한다.[24] 둘째로, 다른구약 성경도 이러한 내용을 증거한다(참조, 대하 25:4; 에스라 6:18; 느헤미야 13:1). 셋째로, 예수님의 말씀과(마 19:7; 22:24; 막 7:10; 12:26) 사도들의 증거이다(참조 행전 26:22; 롬 10:5).

그러나 이러한 모세의 저작권에 대한 의문을 준 것은 문서비평, 양식비평, 전승비평 등의 자유주의적 경향이다. 특히 문서 가설(Documentary Hypothesis)은 JEDP라는 문서들을 오경에서 떼 내어 다른 저자나자료로 해체시키고 말았다.[25] 이러한 구분은 성경마다 발견되는 하나님의 이름과 시나이산, 호렙산과 이스라엘의 특정 부분들에 따라 문서들을 구분한 결과이다.

---

24) Wolf, Herbert, *An Introduction to the Old Testament Pentateuch*. Chicago: Moody Press, 1991, 53.

25) JEDP 가설에 대해서는 특별히 자세히 다루지 않는다. J(Jehovistic source), E(Elohistic source), D(Deuteronmic source), P(Priestly source) 등이다. 특별히 앨리스 책 같은 경우는 오경의 문서설 전체를 다루고 있다. 참조하라. Allis, Oswald(김정우 역), The Five books of Moses(모세오경). 서울: 기독교 문서 선교회, 1982.

2. 구약성경에서 말하는 613계명 목록

구약성서의 613계명 목록[26]

이스라엘 민족은 율법의 백성이다. 그들은 자신들의 가장 큰 영광은 그들에게 주어진 율법이라고 생각하며, 그것을 모든 이스라엘 백성이 물려받은 가장 귀중한 유산으로 여긴다(롬 9:4). 그 율법은 하나님의 뜻이 담겨 있는 하나님의 명령이다. 바울도 이야기하고 있듯이 율법은 '거룩하며', '의롭고', '선한' 것이다(롬 7:12, 16). 또한 그것은 '신령한 것'이다(롬 7:14). 그리스도께서는 율법 폐기론자들이 생각하는 것처럼 율법에 종지부를 찍으시기 위해 오신 것이 아니라 율법을 완성하기 위해 오셨다.

예수께서 말씀하셨듯이, "천지가 없어지기 전에는 율법의 일점일획도 없어지지 않고 다 이룰 것이다."(마 5:18).

이러한 율법에 대하여 많은 기독교인들이 부정적으로 생각하고 있다. 율법은 믿음과 상반되는 개념으로 잘못 이해하고 있기 때문이다. 바울도 물론 율법에 대하여 부정적으로 말할 때가 많다. 그러나 그것은 구원과 관련해서 율법을 언급할 때만 그렇다. 그는 구원은 율법을 행함으로 받는 것이 아니라 오직 믿음을 통해서만 받을 수 있다는 것을 강조할 때 율법에 대해 부정적으로 평가했던 것이다. 그러나 이것은 율법 자체를 부정하거나 율법의 무용성을

---

26) http://yeshua.net

말하는 것이 결코 아니다. 그는 이렇게 말한다. "우리가 믿음으로 율법을 폐합니까? 그럴 수 없습니다. 도리어 율법을 굳게 세웁니다."(롬 3:31).

　그러면 구약성서에는 얼마나 많은 계명이 나오고 있는가? 이에 대해 아무도 정확하게 답할 수가 없다. 분류하기에 따라서 천차만별이 될 것이다. 유대 전승에 따르면, 구약성서 중에서도 율법서라 불리는 토라(오경)에는 613개의 계명이 포함되어 있다고 한다. 이를 최초로 분류한 사람은 중세 시대의 유대의 저명한 랍비이며 사상가로 알려져 있는 마이모니데스(Maimonides)이다. 그 가운데서 '하라'는 긍정적인 형태로 된 계명은 248개이며, '하지 말라'고 하는 부정적인 형태로 된 금지 계명은 365개이다. 248이라고 하는 숫자는 사람의 몸을 이루고 있는 모든 부분 부분의 총합이라고 한다. 365라고 하는 숫자는 1년을 뜻한다.

창세기 (1-3)

1. 생육하고 번성하라(창 1:28).
2. 모든 유대인 남자는 할례를 받아야 한다(창 17:10).
3. 환도뼈의 큰 힘줄을 먹어서는 안 된다(창 32:32).

출애굽기 (4-114)

4. "이달을 한 해의 첫째 달로 삼아서, 한 해를 시작하는 달로 하여라."(출 12:2).
5. 유월절을 지키기 위해서 니산 월 14일 오후에 흠이 없는 1년 된 수양이나 숫염소를 잡아야 한다(출 12:5-6).

6. 유월절 양으로 바친 제물은 니산 월 15일 밤에 먹어야 한다 (출 12:8).

7. 유월절에 먹는 양고기는 날로 먹거나 삶아 먹어서는 안 된다 (출 12:9).

8. 유월절 양고기는 다음 날까지 남겨서는 안 된다(출 12:10).

9. 유월절에는 누룩을 제거해야 한다(출 12:15).

10. 누룩 없는 떡(무교병)을 니산 월 15일에 먹어야 한다(출 12:18).

11. 유월절 기간 동안에는 누룩으로 만든 떡을 먹어서는 안 된다 (출 12:19).

12. 유월절에는 조금이라도 누룩이 섞인 떡을 먹지 말라(출 12:20).

13. 변절한 유대인이나 이교도들은 유월절 양을 먹지 못한다(출 12:43).

14. 임시로 거주하는 타국인이나 고용된 타국인 품꾼도 유월절 양을 먹지 못한다(출 12:43).

15. 유월절 희생양의 고기는 집 안에서만 먹어야 한다(출 12:46).

16. 양고기의 뼈를 꺾어서는 안 된다(출 12:46).

17. 할례를 받지 않은 사람은 유월절 양을 먹지 못한다(출 12:48 - 49).

18. 처음 난 것은 거룩하게 구별하여 하나님께 바쳐야 한다(출 13:2).

19. 유교병(누룩 있는 떡)을 먹어서는 안 된다(출 13:3).

20. 유월절 이레 동안에는 무교병을 먹고, 유교병이나 누룩을 다 없애야 한다(출 13:7).

21. 아버지는 자녀들에게 유월절 저녁 식사 자리에서 출애굽 이

야기를 들려주어야 한다(출 13:8).

22. 나귀의 첫 새끼는 어린 양으로 대속해야 한다(출 13:13).

23. 나귀를 양을 통해서 대속하지 않으려거든 그 목을 꺾어야 한다(출 13:13).

24. 안식일에 걸을 수 있는 거리의 한계에 관한 규정(출 16:29).

25. "나는 너희를 이집트 땅, 종살이하던 집에서 이끌어 낸 너희 하나님 여호와이다."(출 20:2).

26. 다른 신들을 섬기지 말라(출 20:3).

27. 우상을 만들지 말라(출 20:4).

28. 우상에게 절하지 말라(출 20:5).

29. 우상을 섬기지 말라(출 20:5)

30. 하나님의 이름을 함부로 불러서는 안 된다(출 20:7).

31. 안식일을 기억하라(출 20:8).

32. 안식일에는 가족이나 종이나 객이라고 할지라도 아무 일도 시켜서는 안 된다(출 20:10).

33. 부모를 공경하라(출 20:12).

34. 살인하지 말라(출 20:13).

35. 간음하지 말라(출 20:14).

36. 도적질하지 말라(출 20:15).

37. 거짓 증거하지 말라(출 20:13).

38. 탐내지 말라(출 20:17).

39. "너희는 나 밖에 다른 신들을 섬기려고, 은이나 금으로 신들의 우상을 만들지 못한다."(출 20:23)

40. 제단을 다듬은 돌로 만들어서는 안 된다(출 20:24 - 25).

41. 제단에 올라가는 층계를 놓아서는 안 된다(출 20:26).

42. "히브리 종은 일곱째 되는 해에 자유케 하라."(출 21:2).

43. 종의 보호에 관한 규정

44. 주인이 아내로 취하려고 산 여종이 마음에 안 들면 다시 그녀의 아버지에게로 돌려보내야 한다(출 21:8).

45. 그녀를 다시 파는 일이 있어서는 안 된다(출 21:8).

46. 여종을 아들에게 주려고 샀으면, 그녀를 딸처럼 대하여 한다 (출 21:9).

47. 사람을 때려서 죽인 자는 반드시 사형에 처해야 한다(출 21:12).

48. 부모를 때리거나 저주하는 자는 반드시 사형에 처해야 한다." (출 21:15, 17).

49. 이웃에게 상해를 입힌 경우에 관한 규정(출 21:18 - 19).

50. 종을 상해하거나 죽였을 경우에 관한 규정(출 21:20 - 21)

51. 소가 받아서 사람을 상해한 경우에 관한 규정(참조. 출 21:28 - 32, 35 - 36)

52. 소가 사람을 받아서 죽인 경우에 관한 규정(출 21:28 - 32, 35 - 36)

53. 구덩이에 짐승이 빠진 경우에 관한 규정(출 21:33 - 34)

54. 도둑에 관한 규정(출 22:1 - 4)

55. 남의 농작물을 가축이 뜯어먹은 경우에 관한 규정(출 22:5)

56. 불을 내서 이웃의 농작물에 피해를 입힌 경우에 관한 규정(출 22:6).

57. 보관물에 대한 규정(출 22:7 이하)

58. 서로 소유권을 주장하는 경우에 관한 규정(출 22:9)

59. 맡긴 집짐승이 다치거나 없어지거나 죽거나 맹수에게 물려 죽은 경우에 관한 규정(출 22:10-11)

60. 빌려 온 짐승이 다치거나 죽었을 경우에 관한 규정(출 22:14-15)

61. 처녀를 꾀어서 건드린 경우에 관한 규정(출 22:16-17)

62. 마술을 부리는 여자는 살려 두어서는 안 된다(출 22:18).

63. 함께 살고 있는 나그네를 학대하지 말라(출 22:21).

64. 그들을 억압하지 말라(출 22:21).

65. 과부와 고아의 보호에 대한 규정(출 22:22-25)

66. 필요한 사람에게는 돈을 빌려 주어야 한다(출 22:25).

67. 돈을 빌려 주었으면 빚쟁이처럼 독촉을 하지 말아야 한다(출 22:25).

68. 가난한 사람들에게는 이자를 받아서는 안 된다(출 22:25).

69. 재판장에게 욕되는 말을 해서는 안 된다(출 22:28).

70. 하나님께 욕되는 말을 해서는 안 된다(출 22:28).

71. 지도자들에게 욕되는 말을 해서는 안 된다(출 22:28).

72. 첫 것을 바치는 것에 관한 규정(출 22:29-30)

73. "들에서 맹수에게 찢겨 죽은 짐승의 고기를 먹지 말라."(출 22:31).

74. "근거 없는 말을 해서는 안 된다."(출 23:1).

75. "거짓 증언을 하여 죄인의 편을 들어서는 안 된다."(출 23:1)

76. "다수의 사람들이 잘못을 저지를 때에도 그들을 따라가서는 안 된다."(출 23:2).

77. 다수의 사람들이 정의를 굽게 하는 증언을 할 때에 그들을 따라가서는 안 된다(출 23:2).

78. 다수를 따라야 한다(출 23:2).

79. "가난한 사람의 송사라고 해서 치우쳐서 두둔해서도 안 된다."(출 23:6).

80. "너희를 미워하는 사람의 나귀가 짐에 울려 쓰러진 것을 보거든, 그것을 내버려 두지 말고, 반드시 임자가 나귀를 일으켜 세우는 것을 도와주어야 한다."(출 23:5).

81. "너희는 가난한 사람의 송사라고 해서, 그에게 불리한 판결을 내려서는 안 된다."(출 23:6).

82. "거짓 고발을 물리쳐라. 죄 없는 사람과 의로운 사람을 죽여서는 안 된다."(출 23:7).

83. "너희는 뇌물을 받아서는 안 된다."(출 23:8).

84. 안식년에는 농경지에 아무것도 심어서는 안 된다.

85. 안식일에는 어떤 일도 해서는 안 된다.

86. 다른 신들의 이름은 불러서도(기억해서도) 안 된다(출 23:13).

87. 다른 신들의 이름은 입 밖에 내서도 안 된다(출 23:13).

88. "너희는 한 해에 세 차례 나의 절기를 지켜야 한다."(출 23:14).

89. "너희는 나에게 바치는 희생제물의 피를, 누룩을 넣은 빵과 함께 바쳐서는 안 된다."(출 23:18a; 34:25a).

90. "절기 때에 나에게 바친 기름을 다음 날 아침까지 남겨 두어

서도 안 된다."(출 23:18b; 34:25b).

91. 첫 열매 중 가장 좋은 것으로 바쳐야 한다(출 23:19a; 34:26a).

92. "너희는 새끼 염소를 그 어미의 젖으로 삶아서는 안 된다." (출 23:19b; 34:26b).

93. 팔레스타인의 일곱 민족과 언약을 맺어서는 안 된다(출 23:23).

94. 팔레스타인의 일곱 민족에 속한 사람들은 히브리인들과 더불어 살아가지 못하도록 하여야 한다(출 23:34).

95. "나에게 제물을 바치려거든, 너희는 흙으로 제단을 쌓고, 그 위에다 번제물과 화목제물로 너희의 양과 소를 바쳐라. 너희가 나의 이름을 기억하고 예배하도록, 내가 정하여 준 곳이면 어디든지, 내가 가서 너희에게 복을 주겠다."(출 20:24).

96. "채들을 궤의 고리에 그대로 두고, 거기에서 빼내지 말라." (출 25:15).

97. "그 상은 언약궤 앞에 놓고, 상 위에는 나에게 바치는 거룩한 빵을 항상 놓아두도록 하여라."(출 25:30).

98. 증거궤 앞에 쳐 놓은 휘장 밖에 올리브기름으로 등불을 밤에는 늘 켜 두어야 한다(출 27:21).

99. 대제사장의 예복에 대한 규정(출 28:2)

100. 가슴받이가 에봇에서 떨어지지 않도록 해야 한다(출 28:28).

101. 대제사장이 입을 옷은 목을 위하여 파 놓은 구멍의 둘레를 찢어지지 않도록 튼튼하게 만들어야 한다(출 28:32).

102. 제사장만이 속죄의 제물을 먹을 수 있다(출 29:33).

103. 제사장은 아침저녁으로 분향단 위에 향을 피워야 한다(출

30:7 - 8).

104. 분향단 위에다가는 향기로운 향을 피우는 일 이외에는 어느 것도 해서는 안 된다(출 30:9).

105. 회막 세금에 관한 규정(출 30:13)

106. 제사장은 회막에 들어가기 전에 손발을 반드시 물로 씻어야 한다(출 30:19 - 20).

107. 성별하는 기름을 만드는 방법에 대한 규정(출 30:25)

108. 성별하는 기름은 아무에게나 부어서는 안 된다(출 30:32a).

109. 성별하는 기름을 만드는 방법으로 똑같은 기름을 만들어서 다른 용도로 사용해서는 안 된다(출 30:32b).

110. 사사로이 쓰려고 유향을 만드는 방법과 똑같은 방법으로 향품을 만들어서는 안 된다(제110계명; 출 30:37).

111. 우상숭배자들과 언약을 맺어서 그들이 우상에게 바친 제물들을 먹게 되는 일이 없어야 한다(출 34:15).

112. 안식일에는 밭갈이하는 철이나 추수하는 철에도 일해서는 안 된다(출 34:21).

113. "새끼 염소를 그 어미의 젖으로 삶아서는 안 된다."(출 34:26).

114. 안식일에는 불을 피워서는 안 된다(출 35:3).

레위기 *(115 - 361)*

115. 번제(burnt offering 또는 holocaust)에 대한 규례(레 1장)

116. 곡식 제물에 대한 규정(레 2장)

117. 곡식 제물에는 누룩이나 꿀이 들어 있어서는 안 된다(레 2:11).

118. 모든 곡식 제물에는 소금이 빠져서는 안 된다(레 2:13a).

119. 어떤 제물에도 소금을 빠뜨려서는 안 된다(레 2:13b).

120. 이스라엘 온 회중이 산헤드린의 잘못된 결정으로 죄를 범하게 되면 속죄 제물을 드려야 한다(레 4:13).

121. 개인이 실수를 한 경우에도 속죄 제물을 바쳐야 한다(레 4:27 –28).

122. 증인이 자기가 본 것이나 알고 있는 것을 사실대로 증언하지 않고 은닉하면 거기에 책임을 져야 한다(레 5:1).

123. 속죄 제물을 바쳐야 하는 경우

124. 새를 속죄 제물로 가져오면 그것은 다른 짐승을 제물로 가져온 경우와는 달리, 제물을 바친 사람이 잡지 않고 제사장이 직접 그것의 목을 비틀어서 잡아야 하는데, 이때 목이 떨어지게 해서는 안 된다(레 5:8).

125. 가난하여 속죄 제물로 짐승이나 새를 바칠 수 없는 경우에는 밀가루를 바칠 수 있으나, 이때 제사장은 거기에 기름을 섞어서는 안 된다(레 5:11).

126. 또한 거기에 향을 얹어서도 안 된다(레 5:11).

127. 제물을 바치다가 실수하여 죄를 범하면 바친 것의 20%에 해당하는 벌금을 지불해야 한다(레 5:15 – 16).

128. 부정적인 계명(금지 계명)을 실수로 어긴 경우에도 속건 제물을 바쳐야 한다(레 5:17 – 18).

129. 다른 사람의 물건을 불의하게 취한 경우에 관한 규정(레 6:1 –5).

130. 남의 물건을 불의한 방법으로 취한 자는 모두 물어내야 한다(레 6:5).

131. 제단의 재에 대한 규례(레 6:10 - 11)

132. 제단의 불은 항상 피워져 있어야 한다(레 6:12).

133. 제단의 불을 꺼뜨려서는 안 된다(레 6:12).

134. 곡식제물을 드리고 난 나머지는 제사장이 먹어야 한다(레 6:16).

135. 제사장은 곡식 제물에 누룩을 넣고 구워서는 안 된다(레 6:17).

136. 대제사장도 다른 사람들처럼 곡식 제물로 밀가루를 드려야 하는데, 그는 매일 그래야 했으며, 그것으로 아침저녁 빵을 구워 바쳐야 한다(레 6:20 이하).

137. 제사장이 드리는 곡식 제물은 아무도 먹지 못한다. 그것은 다 태워 버려야 한다(레 6:23).

138. 속죄 제물은 번제물을 드리는 장소에서 드려야 한다(레 6:25 이하).

139. 성소에서 속죄해 주려고 제물의 피를 회막 안으로 가져왔을 때에는, 어떤 속죄제물도 먹어서는 안 된다(레 6:30).

140. 속건 제물을 드릴 때의 규례(레 7:1 이하)

141. 감사의 뜻으로 화목 제물을 바치는 경우에는 빵을 곁들여 바쳐야 한다(레 7:11 - 12).

142. 화목 제물로 드린 것 가운데 감사 제물로 바친 고기는 그날로 먹어야 하며 다음 날까지 남겨서는 안 된다(레 7:15).

143. 화목 제물로 드린 것 가운데 서원 제물이나 자원 제물로 바친 고기는 이틀째 되는 날까지 다 먹어야 하며, 사흘째 되는 날까지 그 희생 제물이 남아 있으면, 불살라야 한다(레 7:17).

144. 어떤 종류의 것이든(감사 제물, 서원 제물, 자원 제물) 화목

제물로 드린 고기 중 사흘째 되는 날까지 남은 것을 먹어서는 안 된다(레 7:18).

145. 어떤 종류의 화목 제물이든 불결한 것에 닿은 고기는 먹지 말아야 한다(레 7:19a).

146. 그리고 그것은 불에 태워야 한다(레 7:19b).

147. 동물의 기름기는 먹지 못한다(레 7:23).

148. 어떤 피든지 먹어서는 안 된다(레 7:26).

149. 제사장은 머리를 풀어서는 안 된다(레 10:6).

150. 그는 옷을 찢어 애도를 해서도 안 된다(레 10:6).

151. 제사장은 성전(성소)에서 일하는 동안은 밖으로 나가서는 안 된다(레 10:7).

152. 제사장은 성전(성소)에 들어가기 전에는 포도주나 독주를 마셔서는 안 된다(레 10:9, 11).

153. 땅에서 사는 짐승들 가운데 새김질을 하면서 동시에 굽이 갈라진 것만 먹을 수 있다(레 11:2 - 4, 7).

154. 낙타, 오소리, 토끼, 돼지 등과 같이 새김질을 하지 않거나 굽이 갈라지지 않은 짐승은 먹지 못한다(레 11:4).

155. 물속에서 사는 동물 중 지느러미와 비늘이 있는 것은 먹을 수 있다(레 11:9, 12).

156. 그러나 지느러미와 비늘이 없는 것은 먹지 말아야 한다(레 11:12).

157. 새 가운데서 먹지 말아야 할 것(레 11:13).

158. 곤충 가운데서 네 발로 걷는 날개 달린 것들은 먹지 못한다

(레 11:21).

159. 길짐승에 대한 규정(레 11:29 이하)

160. 요리가 된 젖은 음식에 죽은 길짐승이 닿으면 그것은 먹어서는 안 된다(레 11:34).

161. 먹을 수 있는 짐승이라도, 그 주검을 만진 자는 저녁때까지 부정하다(레 11:39).

162. 땅에 기어 다니는 길짐승은 먹지 말아야 한다(레 11:41-42).

163. 과일이나 채소에 붙어사는 벌레는 먹지 알아야 한다(레 11:41-42).

164. 물속에 기어 다니는 것들도 먹어서는 안 된다(레 11:46).

165. 흙에서 생긴 벌레는 먹지 말아야 한다(레 11:44).

166. 산모의 정결 예식에 관한 규정(레 12:1 이하)

167. 제의적으로 부정하게 된 사람은 거룩한 음식을 먹을 수 없다(레 2:6).

168. 아이를 낳은 여인이 정결 예식을 위해 바쳐야 할 제물(레 12:6-8)

169. 제사장이 나병의 여부를 확인하여야 한다(레 13:2).

170. 백선이 머리나 턱에 생긴 경우, 백선이 난 자리만 빼고 털을 민 다음에, 백선이 생긴 그 환자를 이레 동안 격리시켜야 한다(레 13:33).

171. 악성 피부병에 걸린 사람은 입은 옷을 찢고 머리를 풀어야 하며, '부정하다, 부정하다' 외쳐야 한다(레 13:45).

172. 천이나 가죽 제품에 곰팡이가 생긴 경우에 관한 규정(레 13:47

-59)

173. 악성 피부병이 나은 경우에도 제사장이 확인을 해야 한다(레 14:2, 3)

174. 악성 피부병이 나은 사람은 이레 후에 모든 털을 다 밀어야 한다(레 14:9).

175. 또한 그는 옷을 빨고 목욕을 해야 한다(제175계명; 레 14:9).

176. 악성 피부병을 고침 받은 사람이 바쳐야 할 제물(레 14:10 이하)

177. 건물에 생기는 악성 곰팡이에 관한 규정(레 14:34 이하)

178. 성기에서 고름이 계속 흐르는 남자는 부정한 사람이며, 그와 접촉하는 모든 물건이나 사람도 부정하게 된다(레 15:1 - 12).

179. 고름이 멎은 경우에는 정결례를 행해야 한다(레 15:13 - 15).

180. 남자가 실수로 정액을 흘린 경우에 관한 규정(레 15:16 - 18)

181. 월경에 관한 규정(레 15:19 이하)

182. 여자가 계속 피를 흘리면 부정하게 여겨야 하며, 그녀와 접촉하는 사람도 부정하게 된다(레 15:2 이하).

183. 그녀의 병이 다 나은 다음에는 정결례를 행해야 한다(레 15:25 이하).

184. 보통 때는 지성소에 들어가서는 안 된다(레 16:2).

185. 속죄일에 드리는 제사에 관한 규정(레 16장).

186. 희생제물은 성전(성소)에서만 드려야 한다(레 17:3 - 4).

187. 짐승의 피는 땅에 묻어야 한다(레 17:13).

188. 가까운 살붙이의 몸을 범하면 안 된다(레 18:6).

189. 아버지의 몸을 범하면 안 된다(레 18:7).

190. 어머니의 몸을 범하면 안 된다(레 18:7).

191. 아버지가 데리고 사는 여자의 몸을 범하면 안 된다(레 18:8).

192. 누이의 몸을 범하면 안 된다. 누이가 아버지의 딸이든지 어머니의 딸이든지 그녀를 범하면 안 된다(레 18:9).

193. 손녀나 외손녀의 몸을 범하면 안 된다(레 18:10).

194. 아버지가 낳은 딸의 몸을 범하면 안 된다(레 18:10).

195. 딸의 몸을 범하면 안 된다(참조. 레 18:10).

196. 아버지가 데리고 사는 여자가 낳은 딸을 범해서는 안 된다. 즉 배다른 누이를 범해서는 안 된다(레 18:11).

197. 고모의 몸을 범해서는 안 된다(레 18:12).

198. 이모의 몸을 범해서는 안 된다(레 18:13).

199. 숙모의 몸을 범해서는 안 된다(레 18:14).

200. 숙모의 몸을 범하는 것은 삼촌을 부끄럽게 하는 것이다(레 18:14).

201. 며느리의 몸을 범해서는 안 된다(레 18:15).

202. 형수나 제수의 몸을 범해서는 안 된다(레 18:16).

203. 데리고 사는 여자의 딸의 몸을 범해서는 안 된다(레 18:17).

204. 데리고 사는 여자의 손녀의 몸을 범해서는 안 된다(레 18:17).

205. 데리고 사는 여자의 외손녀의 몸을 범해서는 안 된다(레 18:17).

206. 아내가 살아 있는 동안에는 아내의 형제들을 첩으로 데려다가 살아서는 안 된다(레 18:18).

207. 여자가 월경을 하는 경우에는 그녀와 동침해서는 안 된다(레

18:19).

208. 자녀를 몰렉에게 바쳐서는 안 된다(레 18:21).

209. 동성연애 금지에 관한 규정(레 18:22)

210. 남자들은 짐승과 교접해서는 안 된다(레 18:23).

211. 여자들도 짐승과 교접해서는 안 된다(레 18:23).

212. 부모를 두려워하라(레 19:3).

213. 우상들을 의지하지 말라(레 19:4).

214. 쇠를 녹여 신상을 만들어서도 안 된다(레 19:4).

215. 제물로 바친 것들은 그날로 다 먹어야 한다(레 19:6).

216. 농작물이나 과수를 거두어들일 때 조금은 남겨 두어야 하며 (레 19:9 - 10).

217. 그것들을 다 거두어들여서는 안 된다(레 19:9 - 10).

218. 농작물을 거두어들일 때 조금은 남겨 두어야 하며(레 19:9).

219. 그것을 다 거두어들여서는 안 된다(레 19:9).

220. 포도원의 포도를 조금은 남겨 두어야 하며(레 19:10).

221. 그것을 다 거두어들여서는 안 된다(레 19:10).

222. 포도밭에 떨어진 포도는 그대로 남겨 두어야 하며(레 19:10).

223. 그것을 다 주워서는 안 된다(레 19:10).

224. 훔치지 말라(레 19:11).

225. 사기하지 말라(레 19:11).

226. 속이지 말라(레 19:11).

227. 거짓 맹세를 하지 말아야 한다(레 19:12).

228. 이웃을 억누르지 말아야 한다(레 19:13).

229. 이웃의 것을 빼앗지 말아야 한다(레 19:13).

230. 품삯은 그날로 지불해야 한다(레 19:13).

231. "듣지 못하는 사람을 저주해서는 안 된다."(레 19:14).

232. "눈이 먼 사람 앞에 걸려 넘어질 것을 놓아서는 안 된다."(레 19:14).

233. 재판관은 공정하지 못한 재판을 해서는 안 된다(레 19:15).

234. 누구도 편들어서는 안 된다(레 19:15).

235. 그는 반드시 공정한 재판만을 해야 한다(레 19:15)).

236. "남을 헐뜯는 말을 하고 다녀서는 안 된다."(레 19:16a).

237. 이웃의 생명을 위태롭게 하는 일을 해서는 안 된다(레 19:16b).

238. "미워하는 마음을 품어서는 안 된다."(레 19:17a).

239. 이웃이 잘못을 하면, 반드시 그를 타일러야 한다(레 19:17b).

240. 그리고 이렇게 하는 데 있어서 그를 부끄럽게 해서는 안 된다(참조. 레 19:17a).

241. 이스라엘 백성끼리 원수를 갚는 일이 있어서는 안 되며(레 19:18a).

242. 앙심을 품어서는 안 된다(레 19:18a).

243. "이웃을 네 몸과 같이 사랑하여라."(레 19:18b).

244. 가축 가운데서 다른 종류끼리 교미시켜서는 안 된다(레 19:19).

245. 밭에다가 서로 다른 두 종류의 씨앗을 함께 뿌려서는 안 된다(레 19:19).

246. '할례 받지 못한' 과일에 관한 규정(레 19:23)

247. '거룩한 과일'에 관한 규정(레 19:24)

248. 피째로 먹어서는 안 된다(레 19:26).

249. 점을 쳐서도 안 되며(레 19:26),

250. 마법을 써서도 안 된다(레 19:26).

251. 관자놀이의 머리를 둥글게 깎아서는 안 된다(레 19:27).

252. 구레나룻을 밀어서는 안 된다(레 19:27).

253. 몸에 문신을 새겨서는 안 된다(레 19:28).

254. 성소를 속되게 하지 말라(레 19:30).

255. 혼백을 불러내는 사람에게 가지 말아야 한다(레 19:31).

256. 점을 치는 사람에게 가서도 안 된다(레 19:31; 20:6).

257. 어른을 공경하라(레 19:32).

258. 길이나 무게나 양을 잴 때에 바른 기구를 사용하여야 한다(레 19:35).

259. 그리고 정확하게 재야 한다(레 19:36).

260. 부모를 저주하는 자는 사형에 처해야 한다(레 20:9).

261. 남자가 그의 아내와 장모를 함께 취하면 그들은 모두 화형에 처해야 한다(레 20:14).

262. 이교도들의 풍속을 따르지 말라(레 20:23).

263. 제사장이 주검을 만져 자신을 더럽혀서는 안 된다(제263계명).

264. 그러나 가족의 주검은 만질 수 있다(제264계명; 레 21:1 - 4).

265. 주검을 만져 부정하게 된 제사장은 제의적인 목욕을 한 뒤 그날 저녁에는 제사 음식을 먹을 수 있다(레 21:6; 22:7).

266. 제사장은 창녀와 결혼해서는 안 된다(레 21:14 - 15).

267. 제사장은 부정한 여자와 결혼해서도 안 된다(레 21:7).

268. 제사장은 이혼한 여자와 결혼해서도 안 된다(레 21:7).

269. 제사장을 거룩하게 여겨야 한다(레 21:8).

270. 대제사장은 어떤 주검에도 가까이 가서는 안 된다(레 21:11).

271. 대제사장은 가족의 주검에도 가까이 가서는 안 된다(레 21:11).

272. 대제사장은 처녀와만 결혼해야 한다(레 21:13).

273. 대제사장은 과부와 결혼해서는 안 된다(레 21:14).

274. 대제사장은 이혼한 여자와 결혼해서도 안 된다(레 21:14).

275. 아론의 후손 가운데 몸에 (영구적인) 흠이 있는 사람은 제사를 드리는 일을 할 수 없다(레 21:17).

276. 일시적인 흠이 있는 제사장도 그것이 나을 때까지는 제사드리는 일을 할 수가 없다(참조. 레 21:17).

277. 또한 이러한 사람들은 휘장 안으로 들어가거나 제단에 가까이 나아갈 수 없다(레 21:23).

278. 부정하게 된 제사장은 제사를 드릴 수 없다(참조. 레 22:2).

279. 그는 성물(聖物)을 먹을 수 없다(레 22:4).

280. 제사장이 아닌 여느 사람들은 성물을 먹을 수 없다(레 22:10).

281. 제사장이 데리고 있는 나그네나 품꾼도 성물을 먹을 수가 없다(레 22:10).

282. 할례 받지 않은 제사장은 성물을 먹을 수 없다(참조. 레 22:10 이하).

283. 제사장의 딸이더라도 여느 남자에게로 시집간 사람은 성물을 먹을 수 없다(레 22:12).

284. '테벨'(tevel)은 먹지 말아야 한다(참조. 레 22:16).

285. 흠 있는 짐승을 거룩하게 해서는 안 된다(레 22:19).

286. 모든 제물은 흠이 없는 것이라야 한다(레 22:20 – 21).

287. 제물에 흠이 생기게 해서는 안 된다(레 22:21).

288. 흠이 있는 짐승의 피를 제단에 뿌려서는 안 된다(레 22:22).

289. 흠이 있는 짐승을 잡아서는 안 된다(레 22:22).

290. 흠이 있는 짐승의 내장을 불살라서는 안 된다(레 22:22).

291. 거세(去勢)해서는 안 된다(레 22:24).

292. 이방인이라도 흠이 없는 짐승을 바쳐야 한다(레 22:25).

293. 제물로 바치는 짐승은 난 지 여드레가 지난 것이라야 된다(레 22:27).

294. 제물로 짐승을 바칠 때, 어미와 새끼를 같은 날 잡아서는 안 된다(레 22:28).

295. 하나님의 이름을 욕되게 해서는 안 된다(레 22:32).

296. 하나님의 이름이 거룩히 여김을 받도록 해야 한다(레 22:32).

297. 유월절 첫날은 쉬어야 한다(레 23:7).

298. 유월절 첫날은 생업을 위하여 일해서는 안 된다(레 23:7).

299. 유월절 기간 동안에는 계속 번제를 드려야 한다(레 23:8).

300. 유월절 기간 중 이레째 되는 날에는 다시 쉬어야 한다(레 23:8).

301. 그날은 생업을 위해서 일해서는 안 된다(레 23:8).

302. 유월절 둘째 날에는 첫 곡식단을 제사장에게 가져가야 하고 제사장은 그것을 흔들어 바쳐야 한다(레 23:10).

303. 첫 곡식 단을 바치기 전에는 거두어들인 곡식을 아무것도 먹

어서는 안 된다(레 23:14).

304. 첫 곡식 단을 바치기 전에는 볶은 곡식도 먹어서는 안 된다(레 23:14).

305. 또한 햇곡식도 먹어서는 안 된다(레 23:14).

306. 곡식단을 흔들어 바친 그날부터 49일이 되는 때까지 매일매일 날을 세어야 한다(레 23:15).

307. 오순절에는 햇곡식으로 만든 빵 두 개를 바쳐야 한다(레 23:17).

308. 오순절에는 쉬어야 한다(레 23:21).

309. 오순절에는 생업을 위해 어떤 일도 해서는 안 된다(레 23:21).

310. 새해 첫날(일곱째 달 초하루)은 쉬어야 한다(레 23:24).

311. 새해 첫날에는 일해서는 안 된다(레 23:25).

312. 새해 첫날은 살라 바치는 제물을 드려야 한다(레 23:25).

313. 속죄일에는 금식해야 한다(레 23:27).

314. 속죄일에는 살라 바치는 제물을 드려야 한다(레 23:27).

315. 속죄일에는 어떤 일도 해서는 안 된다(레 23:28).

316. 속죄일에는 어떤 것도 먹거나 마셔서는 안 된다(레 23:29).

317. 속죄일에는 쉬어야 한다(레 23:32).

318. 초막절 첫날에는 일을 해서는 안 된다(레 23:35).

319. 초막절에는 어떤 종류의 일을 해서도 안 된다(레 23:35).

320. 초막절 절기 동안 매일 살라 바치는 제물을 드려야 한다(레 23:36).

321. 초막절 여드레째 되는 날에는 쉬어야 한다(레 23:36).

322. 초막절 여드레째 되는 날에는 살라 바치는 제물을 드려야

한다(레 23:36).

323. 초막절 여드레째 되는 날에는 생업을 위해 일해서는 안 된다(레 23:37).

324. 초막절 첫날에는 좋은 나무에서 난 열매와 종려나무 가지, 무성한 나뭇가지, 갯버들을 가져와야 한다(레 23:40).

325. 초막절 기간에는 이레 동안 초막에서 지내야 한다(레 23:42).

326. 안식일에는 땅을 놀려야 한다(레 25:4).

327. 안식년에는 포도원을 가꾸어서도 안 된다(레 25:4).

328. 안식년에 저절로 열린 곡식들도 거두어 드려서는 안 된다(레 25:5).

329. 안식년에는 저절로 열린 과실들도 거두어 드려서는 안 된다(레 25:5).

330. 안식년을 일곱 번 세어야 한다(레 25:8).

331. 속죄일에는 뿔나팔을 불어야 한다(레 25:9).

332. 50년째 되는 해(희년)를 거룩히 여기라(레 25:10).

333. 희년에는 심거나 거두어서는 안 된다(레 25:11).

334. 희년에는 저절로 열린 포도를 거두어들여서도 안 된다(레 25:11).

335. 희년에는 저절로 맺힌 열매를 필요 이상으로 거두어들여서는 안 된다.

336. 무엇을 사거나 팔 때에 부당한 이익을 남겨서는 안 된다(레 25:14).

337. 속이지 말라(레 25:14).

338. 말을 함부로 하여 이웃에게 상처를 주어서는 안 된다(레 25:17).

339. 땅을 아주 팔지는 못한다(레 25:23).

340. 희년에는 땅을 본래의 주인에게로 돌려주어야 한다(레 25:24).

341. 성곽 안에 있는 집을 판 경우에는 일 년 안에는 언제든지 다시 살 수 있지만, 일 년이 지나면 그렇게 할 수 없다. 희년이 되어도 집은 본래의 주인에게 돌아가지 않는다(레 25:29, 30).

342. 레위 사람의 땅과 집에 관한 규정(레 25:32 - 34)

343. 가난한 사람에게서 이자를 취해서는 안 된다(레 25:36, 37).

344. 가난하여 종이 된 동족(同族)에 대해서는 노예 부리듯 해서는 안 된다(레 25:39).

345. 동족인 종은 팔 수 없다(레 25:42).

346. 동족인 종을 심하게 부려서는 안 된다(레 25:43).

347. 종이 가나안 사람인 경우에는 그를 영원히 부릴 수 있다(레 25:46).

348. 이교도들에게 동족이 종으로 팔려갔으면, 값을 치르고 그를 다시 데려와야 한다(레 25:53).

349. 조각한 석상에게 절을 해서는 안 된다(레 26:1).

350. 하나님께 사람을 바치기로 서원해 놓고 돈으로 바치는 경우에 관한 규정(레 27:2 - 9)

351. 제물은 바꿔치기 할 수 없다(레 27:10).

352. 바꿔치기한 제물은 본래의 제물과 바꿔치기한 제물 둘 다를 드려야 한다(레 27:10).

353. 제물로 바치기로 했던 짐승 대신에 돈으로 바칠 경우에 대한 규정(레 27:9 - 14)

354. 주께 바치기로 한 (또는 바친) 집 대신에 돈으로 바칠 경우에 관한 규정(레 27:14)

355. 주께 바치기로 한 (또는 바친) 땅 대신에 돈으로 바칠 경우에 대한 규정(레 27:16)

356. 짐승의 맏배 대신 더 좋은 것이라 하여 다른 것을 바쳐서는 안 된다(레 27:26).

357. 주께 바친 것은 무를 수 없다(레 27:28).

358. 주께 바친 땅은 팔 수 없다(레 27:28).

359. 주께 바친 땅은 무를 수도 없다(레 27:28).

360. 가축의 십일조를 드리는 것에 관한 규정(레 27:32)

361. 십일조로 드려야 할 가축을 팔아서는 안 된다(레 27:33).

민수기 (362 - 413)

362. 악성 피부병 환자와 고름을 흘리는 사람과 주검에 닿아 부정을 탄 사람은 모두 진에서 내보내야 한다(민 5:2).

363. 하나님이 머물고 계신 진을 더럽혀서는 안 된다(민 5:3).

364. 남에게 잘못을 한 사람은 그가 저지른 잘못을 고백하고 피해자에게 배상을 해야 한다(민 5:6,7).

365. 아내의 간통을 밝히는 절차에 관한 규정(민 5:12 - 28)

366. 아내의 간통을 밝히기 위해 바치는 제물에는 기름을 부을 필요가 없다(제366계명).

367. 그 제물에는 향을 얹을 필요도 없다(민 5:15).

368. 나실 사람은 포도주와 독한 술을 삼가야 한다(민 6:3).

369. 나실 사람은 포도를 먹어서는 안 된다(민 6:3).

370. 그는 마른 포도를 먹어서도 안 된다(민 6:3).

371. 나실 사람은 포도 씨를 먹어서도 안 된다(민 6:4).

372. 그는 포도 껍질을 먹어서도 안 된다(민 6:4).

373. 나실 사람은 머리를 깎아서는 안 된다(민 6:5).

374. 그는 머리를 길게 자라게 내버려 두어야 한다(민 6:5).

375. 나실 사람은 죽은 사람이 있는 방에 들어가서는 안 된다(민 6:6).

376. 그는 가족이 죽었을 때에도 죽은 사람이 있는 방에 들어갈 수 없다(민 6:7).

377. 나실 사람은 서약 기간이 끝나면 머리를 자르고 제물을 바쳐야 한다(민 6:13 - 14).

378. 제사장은 매일 이스라엘을 축복해야 한다(민 6:23).

379. 법궤는 제사장이 어깨에 메고 옮겨야 한다(민 7:9).

380. 유월절을 지키지 못한 사람은 한 달 후에 다시 지켜야 한다(민 9:10).

381. '두 번째 유월절'(또는 '작은 유월절')을 지키는 사람들은 누룩을 먹지 않고 만든 빵과 쓴나물과 함께 유월절 양을 먹어야 한다(민 9:11).

382. 그들은 다음 날 아침까지는 아무것도 남겨서는 안 된다(민 9:12).

383. 희생양의 뼈를 부러뜨려서는 안 된다(민 9:12).

384. 성소에서는 날마다 나팔을 불어야 한다(민 10:8).

385. 처음 거두어들인 곡식으로 만든 과자를 제사장에게 헌납물로 드려야 한다(민 15:18 - 20).

386. 옷자락 끝에 술을 만들어 달아야 한다(민 15:38).

387. 마음 내키는 대로 따라가거나 눈에 좋은 대로 따라가지 말아야 한다(민 15:39).

388. 제사장과 레위인은 성소를 지켜야(보호해야) 한다(민 18:4).

389. 제사장과 레위인은 각각 각자가 할 일을 해야 한다(민 4:19)

390. 아무나 성소에서 일해서는 안 된다(민 18:4, 22).

391. 일반 사람이 성소에 접근하지 못하도록 지켜야 한다(민 18:40).

392. 짐승의 맏배는 제사장의 몫으로 바쳐야 하되, 사람과 부정한 짐승 가운데 처음 난 것들은 그것을 바치는 대신에 속전을 바쳐야 한다(민 18:15, 16).

393. 정결한 짐승의 맏배는 속전을 받고 돌려주어서는 안 된다(민 18:15).

394. 회막 일은 레위인이 하여야 한다(민 18:23).

395. 십일조는 레위인에게 돌아간다(민 18:24).

396. 레위인도 십일조를 드려야 한다(민 18:26).

397. 붉은 암송아지에 관한 규례(민 19:2)

398. 죽은 사람이 있는 곳에 들어가는 사람은 부정을 타게 된다(민 19:14).

399. 부정을 탄 사람은 물로 정결하게 하여야 한다(민 19:20).

400. 아들이 없는 경우에는 딸에게 유산을 상속하여야 한다(민 27:8).

401. 번제로는 날마다 아침과 저녁으로 일 년 된 숫양 한 마리씩

바쳐야 한다(민 28:3).

402. 안식일에도 평상시와 같이 번제를 드려야 한다(민 28:9).

403. 매달 초하루에는 수송아지 두 마리, 숫양 한 마리, 일 년 된 숫양 일곱 마리를 번제로 바쳐야 한다(민 28:11).

404. 오순절(칠칠절)에 드려야 할 제물(민 28:26 - 31)

405. 신년(새해)에는 나팔을 불어야 한다(민 29:1).

406. 서약이 효력이 없어지게 되는 경우에 관한 규정(민 30:3 - 9)

407. 서약한 것은 지켜야 한다(민 30:2).

408. 레위 사람에게 그들이 거할 성읍을 주어야 한다(민 35:2, 7).

409. 사람을 죽인 자를 그 자리에서 죽이는 일이 있어서는 안 된다(민 35:12).

410. 살인 혐의자를 도피성에 보내는 것에 관한 규정(민 35:25)

411. 살인 사건의 경우에는 혐의자에게 사형을 내리기 위해서는 두 사람 이상의 증인이 있어야 한다(민 35:30).

412. 살인자를 돈을 받고 목숨을 살려 주어서는 안 된다(민 35:31).

413. 대제사장이 죽기 전에, 도피성으로 피한 사람에게서 속전을 받고 그가 살던 곳으로 돌아가서 살게 해서는 안 된다(민 35:32, 33).

신명기 (414 - 613)

414. 토라를 잘 알지 못하는 사람은 재판관이 될 수가 없다(신 1:17).

415. 재판관은 아무도 두려워해서는 안 된다(신 1:17).

416. 다른 사람의 것을 탐내서는 안 된다(신 5:21).

417. 하나님은 한 분이심을 선언하는 것에 관한 규정(신 6:4)

418. 하나님을 사랑하라(신 6:5).

419. 자녀에게 부지런히 주의 규례와 법도를 가르쳐라(신 6:7).

420. 매일 쉐마를 암송하라(신 6:7).

421. 경문(테필린)을 손에 매라(신 6:8).

422. 경문을 이마에도 붙이라(신 6:8).

423. 집 문설주와 대문에 메주라(mezura)를 붙여라(신 6:9).

424. 하나님과 예언자를 시험해서는 안 된다(신 6:16).

425. 가나안의 일곱 민족을 진멸해야 한다(신 7:2).

426. 그들에게 자비를 베풀지 말라(신 7:2).

427. 가나안의 일곱 민족과 결혼해서는 안 된다(신 7:3).

428. 이교도들의 신상을 불태우고, 그 위에 입힌 보석들을 탐내서는 안 된다(신 7:25).

429. 하나님이 증오하시는 것들을 집 안에 끌어들여서는 안 된다(신 7:26).

430. 먹을 것을 주신 것에 대하여 하나님께 감사를 드려야 한다(신 8:10).

431. 나그네를 사랑해야 한다(신 10:19).

432. 항상 하나님을 경외하라(신 10:20).

433. 하나님을 섬기라(신 10:20).

434. 하나님에게만 가까이하라(신 10:20).

435. 맹세할 일이 있으면 하나님의 이름으로만 맹세하라(신 10:20).

436. 이교도들이 신을 섬기는 장소는 어느 곳이나 다 허물어야 한다(신 12:2).

437. 거룩한 것들을 없애서는 안 된다(신 12:4).

438. 예루살렘에 절기를 지키러 갈 때 제물을 가지고 가야 한다(신 12:6).

439. 번제는 성전에서만 드려야 한다(신 12:13).

440. 다른 모든 제물도 마찬가지로 성전에서만 드려야 한다(신 12:14).

441. 마음에 원하는 대로 짐승의 고기를 성 안에서 먹을 수 있다(신 12:15).

442. '두 번째 십일조'로 바친 곡식은 예루살렘 밖에서 먹어서는 안 된다(신 12:17).

443. '두 번째 십일조'로 바친 포도주를 마셔서도 안 된다(신 12:1).

444. 기름도 마찬가지이다(신 12:17).

445. 소와 양의 처음 난 것도 예루살렘 밖에서 먹어서는 안 된다(신 12:17).

446. 속죄제나 속건제로 드린 것도 성전 밖에서 먹어서는 안 된다(신 12:17).

447. 번제물로 드린 것은 먹어서는 안 된다(신 12:17).

448. 제물의 피를 뿌리기 전에 고기를 먹어서는 안 된다(신 12:17).

449. 첫 열매로 바친 것은 일반 사람이 먹어서는 안 된다(신 12:17).

450. 레위 사람을 저버려서는 안 된다(신 12:19).

451. 짐승을 잡는 것에 관한 규정(신 12:20, 21)

452. 산 짐승의 신체 중 일부를 먹어서는 안 된다(신 12:23).

453. 제물은 성전으로 가져가야 한다(신 12:26).

454. 토라에 하나라도 더해서는 안 된다(신 12:32).

455. 토라에서 하나라도 빼서는 안 된다(신 12:32).

456. 우상의 이름으로 예언하는 자에게 귀를 기울이지 말라(신 13:1).

457. 유혹하는 자의 소리에 귀를 기울이지 말라(신 13:7 - 10).

458. 이방 신에게로 유혹하는 자를 증오하라(신 13:9).

459. 그들을 죽여야 한다(신 13:9).

460. 그들을 감싸 주어서도 안 된다(신 13:9).

461. 그들의 잘못에 대하여 숨겨서도 안 된다(신 13:9).

462. 우상을 숭배하게 하는 자는 내버려 두어서는 안 된다(신 13:10).

463. 우상을 숭배하게 하는 자들에 대해서는 자세히 조사하고 잘 알아보아야 한다(신 13:14).

464. 하나님을 섬기다가 우상에게로 빠진 성읍은 불살라야 한다(신 13:15).

465. 그런 성읍은 다시 세워서도 안 된다(신 13:16).

466. 그 성읍에서 어떤 물건도 취해서는 안 된다(신 13:17).

467. 스스로 몸에 상처를 내서는 안 된다(신 14:1).

468. 죽은 사람을 애도한다고 머리를 밀어서는 안 된다(신 14:1).

469. 부정한 것은 먹어서는 안 된다(신 14:3).

470. 새는 그것이 정한 것인지 알아보고 먹어야 한다(신 14:11).

471. 날개 달린 기어 다니는 곤충은 먹어서는 안 된다(신 14:19).

472. 저절로 죽은 것을 먹어서는 안 된다(신 14:21).

473. '두 번째 십일조'에 관한 규정(신 14:23 - 27)

474. 가난한 자를 위한 십일조에 관한 규정(신 14:28 - 29)

475. 안식년에는 동족(同族) 유대인의 빚을 삭쳐 주어야 한다(신

15:2).

476. 안식년이라도 이방인에게 준 빛은 받아야 한다(신 15:3a).

477. 안식년에는 유대 동족의 빛을 삭쳐 주어야 한다(신 15:3b).

478. 가난한 동족에게 인색하지 말아야 한다(신 15:7).

479. 기쁜 마음으로 그들을 도와주어야 한다(신 15:8).

480. 안식년이 가까워 온다고 돈을 꾸어 주지 않으면 안 된다(신 15:9).

481. 종을 놓아 줄 때에는 빈손으로 보내서는 안 된다(신 15:13).

482. 그들에게 넉넉히 주어 내보내야 한다(신 15:14).

483. 하나님께 바칠 짐승의 맏배를 부려서는 안 된다(신 15:19a).

484. 제단에 바칠 첫 새끼 양의 털을 깎아서도 안 된다(신 15:19b).

485. 니산 월 정오가 지나서는 누룩이 들어 있는 빵을 먹어서는 안 된다(신 16:3).

486. 유월절 양의 고기를 다음 날까지 남겨서는 안 된다(신 16:4).

487. 유월절 양을 성전 이외의 곳에서 바쳐서는 안 된다(신 16:5).

488. 3대 절기는 기쁨으로 지켜야 한다(신 16:14).

489. 모든 성인 남자는 일 년에 세 차례 예루살렘에 올라가야 한다(신 16:16).

490. 제물이 없이 성전에 올라가서는 안 된다(신 16:16).

491. 모든 성읍에는 재판관이 있어야 한다(신 16:18).

492. 성전에는 나무를 심어서는 안 된다(신 16:21).

493. 어느 곳에도 석상을 만들어 세워서는 안 된다(신 16:22).

494. 흠 있는 짐승을 제물로 바쳐서는 안 된다(신 17:1).

495. 산헤드린의 결정에 귀를 기울여야 한다(신 17:10).

496. 전통을 무시해서는 안 된다(신 17:11).

497. 이스라엘의 왕은 산헤드린에서 임명받아야 한다(신 17:15a).

498. 외국 사람을 왕으로 세워서는 안 된다(신 17:15b).

499. 왕은 군마를 필요 이상으로 가져서는 안 된다(신 17:16a).

500. 왕은 이집트로 내려가서는 안 된다(신 17:16b).

501. 왕은 아내를 많이 두어서는 안 된다(신 17:17a).

502. 왕은 재물을 너무 많이 가져서는 안 된다(신 17:17b).

503. 왕은 율법 책을 복사해야 한다(신 17:18, 19).

504. 레위 지파는 땅을 유산으로 이어받지 못한다(신 18:1).

505. 레위 지파는 전리품을 취할 수 없다(신 18:1).

506. 제사장은 제물의 특별한 부위들을 가질 수 있다(신 18:3).

507. 처음 거둔 곡식과 포도주와 기름은 제사장에게 주어야 한다(신 18:4).

508. 처음 깎은 양털도 제사장에게 주어야 한다(신 18:4).

509. 각 제사장들과 레위인들은 각기 다른 시간에 일해야 한다(신 18:6 - 8).

510. 점쟁이를 용납해서는 안 된다(제510계명).

511. 복술객을 용납해서는 안 된다(신 18:10).

512. 주문을 외는 사람을 용납해서는 안 된다(신 18:10).

513. 마법사를 용납해서는 안 된다(신 18:10).

514. 마술하는 사람을 용납해서는 안 된다(신 18:10).

515. 죽은 사람에게 물어보는 사람을 용납해서는 안 된다(신 18:10

- 11).

516. 예언자의 소리에 귀를 기울여야 한다(신 18:15).

517. 거짓 예언자를 삼가라(신 18:20).

518. 우상의 이름으로 예언해서는 안 된다(신 18:20).

519. 거짓 예언자는 죽여야 한다(신 18:22).

520. 여섯 개의 도피성을 마련해야 한다(신 19:3).

521. 살인자를 동정해서는 안 된다(신 19:13, 21).

522. 이웃의 경계를 침범해서는 안 된다(신 19:14)

523. 한 사람의 증언만 가지고 재판해서는 안 된다(신 19:15).

524. 거짓 증언을 하는 자에게는 그가 이웃에게 해를 입히려고 했던 것과 똑같은 벌을 내려야 한다(신 19:19).

525. 전쟁에 나가서 적군을 두려워하지 말라(신 20:1).

526. 전쟁터에서 되돌려 보내야 할 사람들에 관한 규정(신 20:5 - 7)

527. 전쟁을 하기 전에 먼저 평화를 제의하라(신 20:10, 11).

528. 가나안의 일곱 민족을 진멸하라(신 20:16).

529. 성읍을 점령할 때 나무들을 베어 버리지 말라(신 20:19).

530. 범인을 알 수 없는 살인 사건에 관한 규정(신 21:1 - 9)

531. 범인을 알 수 없는 살인 사건을 위해서 송아지를 죽인 험한 계곡에서는 일도 하지 말고 그곳에 씨도 뿌리지 말라(신 21:4).

532. 포로로 잡혀 온 여인을 아내로 취해도 된다(신 21:10, 11).

533. 그러나 그 여인을 팔아서는 안 된다(신 21:14a).

534. 그에게 힘든 일을 시켜서도 안 된다(신 21:14b).

535. 죽을죄를 지어서 처형당한 사람의 주검은 나무에 매달아 두

어야 한다(신 21:22).

536. 그러나 그 주검을 밤까지 내버려 두어서는 안 된다(신 21:23).

537. 그 주검은 그날로 파묻어야 한다(신 21:23).

538. 다른 사람이 잃어버린 것을 발견했을 때는 주인에게 돌려주어야 한다(신 22:1).

539. 그리고 그것을 못 본 체해서는 안 된다(신 22:3).

540. 이웃의 짐승이 길에 쓰러져 있는 것을 보면 주인을 도와 그 짐승을 일으켜 주어야 한다(신 22:4).

541. 짐승에게 짐을 싣거나 내릴 때 도와주어야 한다(신 22:4).

542. 여자는 남자의 옷을 입어서는 안 된다(신 22:5a).

543. 남자도 여자의 옷을 입어서는 안 된다(신 22:5b).

544. 새끼를 품고 있는 어미 새를 잡아서는 안 된다(신 22:6).

545. 새끼를 잡기 전에 먼저 어미 새를 날려 보내야 한다(신 22:7).

546. 지붕에 난간을 만들어야 한다(신 22:8a).

547. 그리고 집에서 사고가 나 사람이 죽는 일이 있어서는 안 된다(신 22:8b).

548. 포도나무 사이사이에 다른 씨를 뿌려서는 안 된다(신 22:9a).

549. 그리고 거기에서 거둔 곡식도 먹어서도 안 된다(신 22:9b).

550. 소와 나귀에게 한 멍에를 메워 같이 밭을 갈게 해서는 안 된다(신 22:10).

551. 양털과 무명실을 함께 섞어서 짠 옷을 입어서는 안 된다(신 22:11).

552. 결혼의 성립에 대한 규정(신 22:13)

553. 아내에게 그녀가 처녀가 아니었다고 하는 주장이 거짓으로 드러난 경우에 관한 규정(신 22:14 - 18)

554. 아내에게 그녀가 처녀가 아니었다고 거짓 누명을 씌운 사람은 평생 그 여자와 함께 살아야 한다(신 22:19).

555. 성 안에서 한 남자와 다른 사람에게 약혼한 여자가 성관계를 가졌을 때에는 둘 다 돌로 쳐 죽여야 한다(신 22:24).

556. 그러나 성 밖에서 이런 일이 일어났으면, 남자만 돌로 쳐 죽여야 한다(신 22:26).

557. 약혼하지 않은 처녀를 욕보인 남자는 그녀의 아버지에게 배상을 해야 한다(신 22:29).

558. 그리고 그는 그녀와 결혼해야 하되, 그 여자와 이혼해서는 안 된다(신 22:29).

559. 신낭이 터졌거나 신(腎)을 베인 사람은 주의 총회 회원이 될 수 없다(신 23:1).

560. 사생아는 주의 총회 회원이 될 수 없다(신 23:2).

561. 유대인은 암몬 사람이나 모압 사람과는 영원히 결혼할 수 없다(신 23:3).

562. 암몬 사람과 모압 사람과는 평화 관계를 가지려고 해서는 안 된다(신 23:6).

563. 에돔 사람을 미워하지 말라(신 23:7a).

564. 이집트 사람도 미워해서는 안 된다(신 23:7b).

565. 제의적으로 부정한 사람은 진(陳)에 들어갈 수 없다(신 23:10, 11).

566. 화장실은 진 밖에 만들어야 한다(신 23:12).

567. 군인은 무기와 더불어 삽을 항상 같이 가지고 다녀야 한다 (신 23:13).

568. 도망 온 종을 되돌려 보내서는 안 된다(신 23:15).

569. 그리고 그들을 압제해서도 안 된다(신 23:16).

570. 이스라엘 자손은 창녀나 남창이 되어서는 안 된다(신 23:17)

572. 동족에게서 이자를 취해서는 안 된다(신 23:20).

573. 이방인에게는 이자를 받을 수 있다(신 23:21).

574. 하나님에게 서원한 것은 지체함이 없이 지켜야 한다(신 23:21).

575. 맹세한 것은 반드시 지켜야 한다(신 23:23).

576. 이웃의 포도원에 들어가서 먹을 만큼 실컷 따 먹는 것은 괜찮다(신 23:24a).

577. 그러나 그릇에 담아 가면 안 된다(신 23:24b).

578. 이웃의 밭에 들어가서 이삭을 손으로 잘라먹는 것은 괜찮지만, 곡식에 낫을 대면 안 된다(신 23:25).

579. 이혼 증서에 대한 규정(신 24:1 이하)

580. 이혼한 아내를 다시 아내로 맞아들여서는 안 된다(신 24:4).

581. 새신랑은 일 년 동안 집을 떠나지 못하도록 하여야 한다(신 24:5a).

582. 그리고 그 기간 동안에는 그는 모든 의무로부터 자유하다 (신 24:5b).

583. 맷돌을 저당 잡아서는 안 된다(신 24:6).

584. 악성 피부병의 조짐이 보이면, 그것을 무시하지 말라(신 24:8).

585. 담보물을 잡으려고 집에 들어가서는 안 된다(신 24:10).

586. 담보물은 그날로 되돌려 주어야 한다(신 24:12).

587. 담보물을 그것을 잡힌 사람이 필요한 때에 즉시로 돌려주어야 한다(신 24:13).

588. 품꾼에게는 그날로 품삯을 지불해야 한다(신 24:15).

589. 혈연관계가 있는 사람의 증언은 받아들여서는 안 된다(신 24:16).

590. 외국 사람과 고아에게 억울하게 재판해서는 안 된다(신 24:17).

591. 과부의 옷을 저당 잡아서는 안 된다(신 24:17).

592. 밭에서 곡식을 거둘 때에 잊어버리고 거두어들이지 않은 단을 다시 가서 취하여 와서는 안 된다(신 24:19).

593. 그것은 올리브 나무의 열매의 경우도 마찬가지이다(신 24:20).

594. 형벌로 매를 맞을 경우에는 재판관은 매 맞을 사람을 자기 앞에 엎드리게 하고 죄의 정도에 따라 매를 때리게 해야 한다(신 25:2).

595. 그러나 40대 이상 때려서는 안 된다(신 25:3).

596. 곡식을 밟으면서 타작하는 소의 입에 망을 씌워서는 안 된다(신 25:4).

597. 남편이 아들이 없이 죽은 경우, 그의 아내는 다른 사람과 재혼해서는 안 된다(신 25:5a).

598. 죽은 남편의 형제가 그녀와 결혼을 해야 한다(신 25:5b).

599. 죽은 형을 대신해서 형수와 결혼하기를 거절하는 사람에 대한 규정(신 25:7 - 10)

600. 음낭을 잡는 자를 보고도 내버려 두어서는 안 된다(신 25:11).

601. 그에게는 동정심을 보여서는 안 된다(신 25:12)

602. 집에 크고 작은 두 개의 되를 가지고 있어서는 안 된다(신 25:14).

603. "아말렉 사람이 너희에게 한 일을 기억하라."(신 25:17).

604. 아말렉 사람을 진멸하라(신 25:18).

605. 그리고 절대로 그들이 한 일을 잊어버려서는 안 된다(신 25:18).

606. 햇곡식을 예물로 바칠 때 드리는 고백(신 26:5 - 10)

607. 가난한 자들을 위한 십일조를 드린 것에 대한 고백(신 26:12 - 15)

608. 십일조를 애곡하는 날에 먹어서는 안 된다(신 26:14a).

609. 그리고 제의적으로 부정한 상태에서 먹어서도 안 된다(신 26:14b).

610. 또한 그것을 죽은 자를 위해 사용해서도 안 된다(신 26:14c).

611. 하나님의 길을 따라 걸으라(신 26:17).

612. 안식년 장막절에 모든 이스라엘 회중을 다 모아야 한다(신 31:12 - 13).

613. 토라(율법)를 써서 간직하고 있어야 한다(신 31:19).

3. 모세오경의 전승사적 의미

인간에게 내리신 하나님의 역사적 계시(啓示)는 아브라함과 함께 시작한다. 아브라함은 기원전 19세기경에 생존했던 인물로서 히브리 민족의 시조(始祖)가 된다. 그런데 성경은 천지 창조와 인간 창조를 서두로 하여 창세기 1장까지 인류 최초의 여러 변천사를 묘사한다. 만일 계시가 아브라함과 함께 시작되었다면, 선사시대(先史時代)의 이야기를 어떻게 거슬러 올라가 쓸 수 있었을까? 이 질문에 답하기 전에 이 설화(說話)가 실려 있는 책들 전체에 대한 언급과 요약을 해야 할 것이다. 그리스말로 '오경(Pentateucos)' 또는 다섯 두루마리라 하고 히브리인들이 '토라(Torah)'라고 일컫는 구약성경의 처음 다섯 권(창세기, 탈출기, 레위기, 민수기, 신명기)에 관한 문제이다. 이 책들은 또 '모세의 율법'이라고도 불리는데 그 다섯 권의 상당 부분이 이스라엘의 입법과 풍속을 좌우하는 율법과 규정들을 담고 있는 까닭이다.

그렇지만 모세오경에는 설화(說話) 부분도 상당히 많다. 특히 첫 권 창세기는 전편이 설화이다. 실제로 '토라'라는 말은 원래 '가르침' 또는 '교의(敎義)'라는 뜻으로 풀이될 수 있다. 그러므로 히브리인들은 이 다섯 책을 읽으면서 무엇을 명령하거나 금지하는 율법에서만 아니라, 자기네 선조들이 겪은 역사에서, 조상들이 살아온 삶의 체험에서 '자신들의 삶의 규범'을 발견했던 것이다. 히브리인들은 모세오경에서 하나님과 우주, 인간과 그 기원에 대한 가르침이 여러 문학형태로 나와 있음을 발견한다. 모세오경은 현존하는 결정판(決定版)이 나오기까지 기나긴 역사를 거쳐 형성된 문학이다. 이미 언급한 바와 같이 거기에 실린 율법과 설화 중의 대다수는 여러 세기 동안 구전(口傳)으로 전승되었고, 그러는 사이에 점차적으로 율법이나 설화의 일부가 한데 수집되고 편집이 되었다. 마침내 히브리인들이 바빌론 제국에 끌려가 유배생활을 하던 시기와, 유배생활 직후(기원전 586), 이전에 수집된 모든 자료를 한데 수집하고 편집하여 결정판이 만들어졌다. 일반적으로 학자들은 이 전승들이 역사이든 율법이든 간에 아주 다양한 사상적 환경에서 수집되고 전래되었다는 견해에 일치하고 있다. 왕궁과 그 측근에서 이루어진 것이 있는가 하면, 사제단(司祭團)과 여러 예배소 혹은 성소(예: 예루살렘 외에도 베텔, 길갈, 실로와 같은 장소)에서 형성된 전승이 있고, 예언자와 그 제자들의 집단에서 수집 정리된 전승들도 있다. 이렇게 집단에 따라서 달리 형성된 전승들은 제각기 특이한 색채를 띠고 있다. 그중에서도 대종을 이루는 사료(史料) 넷을 골라 학자들은 편의상 다음과 같은 명칭을 붙였다. 야휘스트 전승(약자 J): 이 사료는 하나님을 '야훼(YHWH)'라고 부른다. 엘로히스트 전승(약자 E): 하나님을 '엘로힘(Elohim)'이라고 부른다. 신명기계 전승(약자 D) 제관계 전승(약자 P): 사제계 전승으로 독일어 'Priest – Codex(＝사제경전)'의 첫 자를 약자로 쓰며 처음에 독일 학자들이 명명한 것이다. 이 전승들이 문헌으로 기록된 연대는 기원전 10세기부터 5세기 사이로 추정된다.

야휘스트 전승과 엘로히스트 전승은 주로 설화(說話)를 담고 있고, 신명기계와 제 관계 전승은 율법(律法)을 내용으로 하고 있다. 신명기만을 담고 있는 신명기계 전승을 제외하고 다른 세 전승들은 모세오경의 처음 네 권에 골고루 섞여 있다. 모세오경의 마지막 편찬자들은 오늘날 우리가 읽는 모세오경을 펴내면서 일종의 몽타주를 완성하였다. 모세오경은 과거 이스라엘의 역사와 특히 신학사상을 풍부하게 전해 줌으로써 실제적으로 그 과거가 현재에도 계속되고 있다는 입장을 취한다. 다시 말해서 하나님이 옛 글을 통해서 '오늘' 인간에게 말씀을 계속하시는 것이다. 예수의 생애에 관해서도 비슷한 과정이 있었다. 네 권의 복음서가 각기 다른 입장과 안목에서 고유한 가치와 풍부함을 지니고 예수 그리스도의 생애를 증언하고 소개한다. 복음서는 네 복음서 모두를 단일한 이야기로 통합하는 편집을 하지 않았다. 그러므로 마르코복음서와 마태오복음서, 루카복음서와 요한복음서의 신학을 쉽게 구분할 수 있다. 한편 모세오경은 적어도 두 세기 이전부터 이를 위해 연구해 왔고 이미 좋은 성과를 보았다. 처음에는 각 전승이나 사료에 속하는 원전들을 규명하고 나중에는 이들의 특성과 주요사상 및 신학을 연구하였다.

구약성경의 처음 다섯 부분인 다섯 권 창세기, 출애굽기, 레위기, 민수기, 신명기를 모세오경이라고 한다.

오경은 모세가 저작(B.C. 1450 - 1400)한 책을 다섯 권으로 나눈 것이다. 그중 신명기만은 원래 별개의 책이었다. 또한 오경은 구약의 처음 아홉 권(창세기부터 열왕기까지)의 역사서에 포함되어 있는데 천지 창조 때부터 예루살렘 멸망에 이르기까지의 이스라엘의 역사와 교훈, 규율이 이 아홉 권 속에 기록되어 있다. 한편 현대 학자들은 오경과 여호수아서를 합쳐서 육경이라 부르기도 하는데 그 이유로는 오경 안에 있는 제사 법전 자료가 여호수아서에 있는 가나안 토지 분배 기사에서 끝을 보기 때문이라 한다.

모세오경은 하나님의 우주 창조에서부터 시작하여 하나님의 백성인 이스라엘 백성과 그 역사 속에서 어떻게 하나님이 역사 활동하셨는가를 세밀하게 묘사했으며 더욱이 저들의 최대의 율법 제정자이며 예언자이며 지도자인 모세의 죽음까지의 역사를 포함하고 있다. 구약성경 모세오경의 주요 문제를 풀어 봄으로써 모세오경의 의미를 깊이 있게 이해하도록 하자. 아래 질문에 답을 하고 깊이 있게 생각해 보도록 하자.

태초에 하나님이 천지를 창조하시니라 (창 1:1)

창세기

기록: B.C. 1450 – 1400

목적: 창세기는 히브리인의 역사 창조, 인간 창조, 죄악의 기원, 아브라함으로 시작하는 이스라엘 족장들의 역사를 통한 선민의 기원 등에 관한 사항을 기록한 것이다. 다른 말로 하면 창조자 하나님이 우주의 창조자이시며 역사의 지배자이시며 모든 의(義)의 근원이시며 모든 의미의 기본이 되신다는 사실을 강력하게 표시하는 종교적 역사 기록이다.

1) 천지 창조와 초기 인류의 역사(1: - 11:)

① 천지 창조(1:1 - 2:4a), ② 인간 창조(2:4b - 25), ③ 아담과 하와의 타락(3:), ④ 가인과 라멕(4:1 - 24), ⑤ 셋의 자손(4:25 - 5:32), ⑥ 용사(6:1 - 4), ⑦ 홍수(6:5 - 9:17), ⑧ 노아의 자손(9:18 - 10:31), ⑨ 바벨탑(11:1 - 9), ⑩ 아브람의 조상(11:10 - 32)

2) 족장들의 역사(12: - 50:)

1. 아브라함과 이삭(12: - 26:), 2) 야곱(27: - 36), 3) 요셉과 야곱의 아들들(37: - 50)

태초에 하나님이 천지를 창조하시니라(말씀으로 창조하심).

2. 하나님이 빛을 창조하시기 전의 상태는?

땅이 혼돈하고 공허했으며 흑암이 깊음 위에 있고, 하나님의 신은 수면에 운행하시니라(1:2).

3. 창조의 순서

① 빛, ② 궁창, ③ 땅과 바다, ④ 일월성신, ⑤ 어류와 조류, ⑥ 육축과 사람, ⑦ 안식함

4. 창조 시 육지와 바다가 분리된 날은?

셋째 날(1:9 - 10).

5. 천지 창조 시 새들을 창조하신 날은?

다섯째 날(1:21)

6. 사람과 동물이 창조된 날은?

여섯째 날(1:24 - 27)

7. 인간은 누구의 형상을 따라 창조되었나?

하나님의 형상을 따라 창조되었다(1:26 - 27).

8. 인간 창조는 언제?

천지창조 후에(1:27).

9. 하나님께서 인간에게 주신 축복이 무엇인가?

복을 주시며 이르시되 생육하고 번성하여 땅에 충만하라, 땅을 정복하라, 바다의 고기와 공중의 새와 땅에 움직이는 모든 생물을 다스리라, 하시니라(1:28). = 생육하고 번성하여 만물을 다스려라.

10. 하나님이 천지를 창조하신 후에 보시기에 어떠했는가?

보시기에 심히 좋았더라(1:31).

11. 인간의 구성 요소는?

흙과 생기(2:7)

12. 에덴동산은 어디에 있었는가?

동방에 있었음(2:8).

13. 에덴에서 발원하여 흐르는 4강의 이름은?

① 금이 있는 하윌라를 둘러 흐르는 비손강, ② 구스 온 땅을 둘러 흐르는 기혼강, ③ 앗수르 동편으로 흐르는 힛데겔강, ④ 유브라데강(2:10 - 14) * 베델리엄 = 진주

14. 하나님께서 사람에게 주신 첫 계명은?

"선악을 알게 하는 나무의 실과는 먹지 말라, 네가 먹는 날에는 정녕 죽으리라."(2:17)

15. 육축과 새와 들짐승의 이름은 누가 지었나?

아담(2:19)

16. 하나님이 여자를 어떻게 창조하셨나?

하나님이 아담을 깊이 잠들게 하신 후 그의 갈비뼈를 취하여 여자를 창조하셨다(2:21 – 23).

17. 뱀의 꾐에 하와가 말한 것 중 하나님의 명령과 다른 것은 무엇인가?

2:17에 "먹지 말라 먹는 날에는 정녕 죽으리라."

3:3에는 "먹지도 말고 만지지도 말라 너희가 죽을까 하노라."

18. 창세기 2:24는 신약에서 누가 어디에 인용하였는가?

창 2:24 "이러므로 남자가 부모를 떠나 그 아내와 연합하여 둘이 한 몸을 이룰지로다."

예수님이 마태복음 19:5에 "이러므로 사람이 그 부모를 떠나서 아내에게 합하여 그 둘이 한 몸이 될지니라." *막 10:7. 고전 6:16, 7:10 – 11. 엡 5:31.

19. 구약에서 짐승이 말한 것은?

두 번 '뱀과 나귀'(창 3:1, 민 22:28)

20. 죄를 범한 후에 아담과 하와는 어떻게 했나?

그들의 눈이 밝아져 벗은 몸을 무화과나무 잎으로 치마를 만들어 입고, 하나님의 낯을 피하여 동산 나무 사이에 숨었다(3:7 – 8).

21. 인간이 최초로 옷을 입게 된 것은?

아담과 하와의 범죄 후(3:7).

22. 사람이 옷을 입게 된 것과 인간 수명이 단축된 것은 언제부

터인가?

범죄 직후와 홍수 후(3:7, 5; 11:10 - 26).

23. 범죄 한 아담에게 하나님이 하신 최초의 말씀은?

"아담아 네가 어디 있느냐."(3:9)

24. 죄를 범한 인간이 하나님께 변명한 말은?

아담은 "여자가 주었으므로 먹었다." 하고, 하와는 "뱀이 꾀었으므로 먹었다."고 함(3:11 - 13).

25. 구원의 약속이 처음 기록된 곳은 어디인가? 창세기 3:15.

26. 범죄 한 하와에게 이르신 벌은?

내가 네게 잉태하는 고통을 크게 더하리니 네가 수고하고 자식을 낳을 것이며 너는 남편을 사모하고 남편은 너를 다스릴 것이니라 (3:16).

27. 범죄 한 아담에게 내리신 벌은?

땅은 너로 인하여 저주를 받고 너는 종신토록 수고하여야 그 소산을 먹으리라. 네가 얼굴에 땀을 흘려야 식물을 먹고 필경은 흙으로 돌아가리라(3:17 - 19).

28. 죄를 범한 인간이 하나님에게 어떠한 변명을 했는가?

자기의 죄를 남에게 전가시키려 하고 회개하지 않았다(3:11 - 13).

29. 창세기 3:15의 내용을 쓰시오(범죄 한 사람에게 주신 하나님의 은혜=메시아 구속의 약속).

내가 너로 여자와 원수가 되게 하고 너의 후손도 여자의 후손과 원수가 되게 하리니 여자의 후손은 네 머리를 상하게 할 것이요, 너는 그의 발뒤꿈치를 상하게 할 것이니라.

30. 하나님께서 범죄 한 아담과 하와에게 지어 주신 것은?

가죽옷(3:21)

31. 아담과 하와가 쫓겨난 에덴동산은 어떻게 되었는가?

하나님께서 에덴동산 동편에 그룹들과 두루 도는 화염검을 두어 생명나무의 길을 지키게 하시어 인간이 못 들어가게 하셨다(3:22 - 24).

32. 가인과 아벨이 등장하는 장은? 창세기 4장

33. 하와가 가인을 낳고, 내가 누구로 말미암아 득남하였다고 했는가? 여호와(4:1)

34. 제일 처음 살인한 사람은 누구인가? 가인(4:8)

35. 의인으로 악인에게 첫 번째 희생당한 사람은? 아벨(4:8)

36. 인류 최초의 살인자와 피살자 그리고 그들의 직업은?

살인자는 가인(형)으로 농업이고, 피살자는 아벨(동생)로 목축업이었다(4:1 - 2).

*살인의 동기는 시기로 인한 증오로 형이 동생을 죽였다.

37. 가인과 아벨이 각각 무슨 제물을 어떻게 하나님께 드렸나?

가인은 땅의 소산으로 드렸고, 아벨은 양의 첫 새끼와 그 기름을 제물로 드렸다(4:3 - 4).

38. 가인이 범한 두 가지 죄는?

살인과 거짓말(4:8 - 9)

39. 가인이 받은 형벌은 무엇인가?

토지의 저주와 땅을 피하여 유리함(4:12).

40. 하나님께서 가인을 쫓아내실 때 주신 보호하는 증거로 무엇을 주셨는가?

가인을 죽이는 자는 벌을 칠 배나 받으리라 하시고 가인에게 표를 주시었음(4:15).

41. 가인이 도망하여 거한 땅 이름은?

에덴 동편 놋(4:16)

42. 성경의 기록 중 첫 번째로 쌓은 성의 이름은 무엇이고, 누가 쌓았는가? 에녹성이며, 가인이 쌓았음(4:17).

43. 가인의 아들 이름은? 에녹(4:17)

44. 두 아내를 취한 최초의 사람은?

가인의 아들 라멕으로 '아다'와 '실라'를 취하였음(4:19).

45. 다음 사람들은 무엇을 하는 자들인가?

야발＝육축 치는 자의 조상(목축업. 4:20)

유발＝수금과 통소 잡는 자의 조상(악기를 처음 만든 사람. 4:21)

두발가인＝동철로 각양 날카로운 기계를 만드는 자

46. 창세기 4장 23절은 누가 누구에게 한 말인가?

라멕이 아다와 씰라에게. "나의 창상을 인하여 내가 사람을 죽였고 나의 상함을 인하여 소년을 죽였도다."

47. 아벨 대신 하나님께서 주신 아들 이름은? 셋(4:25)

48. 여호와의 이름을 최초로 부른 때는? 셋의 아들 에노스 때(4:26).

49. 아담과 하와의 뜻은 무엇이고, 아담은 몇 세에 셋을 낳았는가?
아담＝사람. 하와＝생명. 130세에 셋을 낳고 930세를 살았음(5:3 - 5).

50. 다음 사람들은 몇 살까지 살았는가?

셋(912), 에노스(905), 게난(910), 마할랄렐(895), 야렛(962), 에녹(365세에 하나님이 데려가심), 므두셀라(969), 라멕(777), 노아 이전의 족장들.

51. 하나님과 동행하다 산 채로 하늘로 올려진 사람은? 에녹(5:24)

52. 에녹은 아담의 몇 대 후손인가? 7대(5:18 - 24)

53. 성경에 나타난 처음 선지자는? 에녹(5:24)

54. 가장 오래 산 사람과 그의 나이는? 므두셀라(969)(5:27)

55. 노아는 아담으로부터 몇 대이며, 이름의 뜻은 무엇인가?
10대이며, 뜻은 안위함이다(5:28 - 31).

56. 노아의 아버지 이름은 누구이고 500세에 낳은 세 아들들의
이름은? 아버지는 라멕이고, 아들들은 셈, 함, 야벳(5:32).

57. "가라사대 나의 창조한 사람을 내가 지면에서 쓸어버리되……"
는 어디에 있는가? 창세기 6장

58. 네피림의 뜻은? 장부(6:4)

59. 노아 당시 회개한 기간은? 120년(6:3)

60. 여호와께서 사람을 창조하신 일을 한탄하신 이유는?
여호와께서 사람의 죄악이 세상에 관영함과 그 마음의 생각의 모
든 계획이 항상 악할 뿐임을 보시고(6:5).

61. 노아의 사적 세 가지는? 의인이요 당세에 완전한 자이고 하
나님과 동행한 자였음(6:9).

62. 창세기에 의인이란 말이 있는 곳은? (6:9, 18:23).

63. 하나님이 노아에게 하신 말씀과 명령은 무엇이었는가?
죄를 범한 인간을 땅과 함께 멸하실 것과 방주를 만들 것을 명하
셨다(6:13 - 14).

64. 노아가 만든 방주의 재료는 무엇이고 그 구조는?

재료는 잣나무와 역청이고, 제도는 상·중·하 3층으로 길이는 300 규빗, 넓이는 50규빗, 높이는 30규빗이었음(6:14 - 16).

65. 노아의 방주 안에 들어간 사람과 짐승은?

노아의 가족 8명(노아 부부, 아들들 내외 6명), 혈육 있는 모든 생물 암수 한 쌍씩(6:18 - 20).

*정결한 짐승은 암수 일곱씩, 부정한 것은 암수 둘씩, 공중의 새 도 암수 일곱씩(7:2 - 3).

66. 노아 홍수가 시작된 날은 노아의 몇 세 때인가?

600세 되던 해 2월 17일(7:6 - 12).

67. 홍수가 시작된 지 40일이 지난 후의 형편은 어떠했는가?

물은 모든 산을 다 덮었고 땅 위의 움직이는 모든 생물이 다 죽 었다(7:17 - 22).

68. 노아는 몇 년에 방주에서 나왔는가? 601년 1월 1일(8:13).

69. 노아 홍수의 기간은 얼마이고 몇 기로 나눌 수 있는가?

총 기간 1년 10일(3기로 나눔).

제1기 = 40주야 비 내림(7:12).

제2기 = 비가 멈추고 물이 150일간 땅에 창일하였음(7:24).

제3기 = 물이 감하여 방주에서 밖으로 나오기까지 6개월(8:4 - 9).

70. 노아 홍수가 멈추고 배가 머문 곳은? 아라랏산(8:4)

71. 노아가 방주에서 물이 감한 여부를 알기 위해서 무엇을 했는가?

40일이 지나 방주의 창을 열고 까마귀를 내보냈고 비둘기도 그와 같이 하여(3번) 물이 감한 여부를 알아보았다(8:6 - 12).

72. 노아가 방주를 열고 나온 때는? 601년 정월 1일이다(8:13).

73. 노아가 방주에서 나와서 제일 먼저 한 일은 무엇인가?

단을 쌓고 모든 정결한 짐승 중에서와 정결한 새 중에서 취하여 번제로 단에 드렸음(8:20).

74. 하나님께서 육식을 허락하신 때는? 노아 홍수 후(9:1 - 3).

75. 무지개는 무엇의 약속인가? 다시는 홍수로 모든 혈기 있는 자를 멸하지 아니하리라는 약속(9:15).

76. 홍수 후에 노아가 범한 실수는?

포도주를 마시고 나체로 잠을 잔 것(9:21).

77. 홍수 후에 노아는 얼마나 더 살았는가? 350년 향년 950세까지 살았음(9:28).

78. 가나안 종족의 조상은? 함(9:22)

79. 함의 아들은? 구스, 미스라임, 붓, 가나안(10:6).

80. 처음 영걸로서 특이한 사냥꾼은? 니므롯(10:9)

81. 어느 시대에 세상이 나누어졌나? 에벨(10:25)

82. 바벨탑을 쌓는 땅 이름은? 시날 평지(11:3)

83. 바벨탑을 쌓은 이유는? ① 성과 대의 꼭대기를 하늘에 닿게 하여 그들의 이름을 내고, ② 온 지면에 흩어짐을 면하자는 것. 결과는 언어의 장벽을 가져와 뿔뿔이 흩어지고 말았다(11:1 - 9).

84. 데라의 세 아들의 이름은? 아브람 아내는 사래, 나홀 아내는 밀가, 하란(하란은 본토 갈대아 우르에서 데라보다 먼저 죽고 그의 아들은 롯이다.)(11:27 - 29).

85. 아브람은 노아의 몇 대손이며 누구의 아들인가? 10대손이며 데라의 아들(11:10 - 26).

86. 아브람의 출신지는? 갈대아 우르(11:27 - 28)

87. 인간 수명이 단축된 것은? 홍수 후부터(11:10 - 26).

88. 아브람의 처는? ① 사래(사라), ② 하갈, ③ 그두라

99. 아브람은 누구와 함께 고향을 떠나 가나안 땅으로 갔는가? 부친 데라, 조카 롯, 처 사래와 함께 갈대아 우르에서 떠나 가나안으로 갔다(11:31).

90. 12:1 - 2

여호와께서 아브람에게 이르시되 너는 너의 본토 친척 아비 집을 떠나 내가 네게 지시할 땅으로 가라 내가 너로 큰 민족을 이루고 네게 복을 주어 네 이름을 창대케 하리니 너는 복의 근원이 될지라.

91. 아브람이 하란을 떠날 때 그의 나이는? 75세(12:4)

*하란에서 그의 부친이 세상을 떠났음.

92. 아브람이 가나안 세겜 땅 모레 상수리나무에 이르러 무엇을 했는가?

여호와를 위하여 단을 쌓고 여호와의 이름을 부름(12:5 - 8).

93. 아브람은 왜 애굽으로 내려갔으며 무슨 죄를 지었는가?

가나안 땅에 기근이 심하였기 때문에 내려갔으며, 자기가 살기 위해 아내 사라를 누이라고 거짓말을 한 죄를 범했음(12:10 - 20).

94. 아브람과 롯의 이별을 기록하고 있는 장은? 창세기 13장

95. 아브람과 그의 조카 롯이 동거할 수 없게 된 이유는?

그들의 소유가 많아 그 땅이 너무 좁았기 때문이었다(13:3 - 6).

96. 아브람과 롯이 각각 선택한 곳은 어디인가?

아브람은 헤브론에 있는 마므레 상수리 수풀이고, 롯은 요단들판,

롯은 결국 소돔에 들어가 정착하였다(13:10 – 18).

97. 13:14 – 15의 내용은? 아브람에게 가나안 땅을 약속.

98. 마므레의 위치는? 헤브론(13:18)

99. 롯이 그돌라오멜에게 잡혀간 것을 누가 구했는가? 아브람(14:14 – 17)

100. 아브람이 그의 조카 롯을 구하러 갈 때에 누구와 같이 갔는가? 그의 집에서 기르고 연습한 자 318인을 거느리고 단까지 쫓아갔다(14:14).

101. 아브람이 롯을 구하기 위해 동원한 병사의 수는?
318인(14:14)

102. 살렘 왕 멜기세덱은 어떤 사람인가? 하나님의 제사장(14:18)

103. 아브람에게 축복한 왕은? 살렘 왕 멜기세덱(14:18)

104. 아브람은 자기를 축복해 준 멜기세덱에게 무엇을 주었는가? 아브람이 얻은 전리품 중 십분의 일을 주었음(14:20).

105. 성경에 십일조에 대한 기사가 가장 처음 나타난 곳은?
창세기 14:20

106. 살렘 왕 멜기세덱은 어떠한 사람인가?
그는 지극히 높으신 하나님의 제사장이었다(14:18).

107. 아브람이 자기의 상속자로 삼으려고 했던 자의 이름은?
다메섹 엘리에셀(15:2)

108. 창세기 15:5절
그를 이끌고 밖으로 나가 가라사대 하늘을 우러러 뭇별을 셀 수 있나 보라, 또 그에게 이르시되 네 자손이 이와 같으리라.

109. 15:6 아브람이 여호와를 믿으니 여호와께서 이를 그의 의로 여기시고.

110. 하나님은 아브람의 무엇을 보시고 의롭다고 하셨는가?
그의 믿음을 보시고(15:6).

111. 아브라함이 믿음으로 의롭다 함을 받은 때는 할례 받기 전인가 후인가? 할례 받기 전(15:6). *할례는 17:24.

112. 아브람의 자손이 애굽에서 종살이할 것을 어디에 예언하셨으며 몇 년간이라고 하셨는가?
창세기 15:13이고, 400년간 종살이할 것을 예언함.

113. 사래가 여종 하갈을 아브람에게 준 때는? 가나안 정착 10년 후(16:2－3).

114. 아브람이 여종 하갈을 취한 이유는? 그의 아내 사래가 나이 많아 생산치 못하자 하갈을 취할 것을 권하였기 때문에(16:1－2).

115. 아브람이 하갈에게서 얻은 아들 이름은? 이스마엘(16:11).

116. 브엘라헤로이는 어디에 있으며 그 뜻은? 가데스와 베렛 사이에 있으며 나를 감찰하시는 생존자의 우물이라는 뜻(16:14).

117. 아브라함이 이스마엘을 얻었을 때의 나이는? 86세(16:16).

118. 아브람이 하나님에 의해 아브라함으로 이름을 바꾼 때는? 그의 나이 99세 때(17:1－5).

119. 아브라함과 사라의 뜻은? 아브라함＝열국의 아비(17:5)
사라＝열국의 어미(17:15－16)

120. 17:10－14의 중요 내용은? 할례

121. 이삭의 뜻은? 웃음(17:19)

122. 아브라함과 이스마엘이 각각 몇 살에 할례를 받았는가?
아브라함＝99세, 이스마엘＝13세(17:24 - 25)

123. 할례는 언제부터 시작되었으며 그 뜻은 무엇인가?
아브라함의 나이 99세 때부터 시작하였고 그 뜻은 '부정을 제거한다'는 뜻임(17:24).

124. 사라는 그가 아들을 낳을 것이라는 여호와의 말씀을 듣고 어떤 태도를 취했는가? 사라가 속으로 웃었음(18:12).

125. "여호와께서 능치 못할 일이 있겠느냐."는 창세기 몇 장에?
18장

126. 아브라함은 소돔성을 위하여 몇 번이나 간구하였으며, 그 내용은 무엇인가? 6번 간구하였으며 의인이 50, 45, 40, 30, 20, 10명만 있으면 심판하시지 말 것을 간구하였음(18:24 - 32).

127. 소돔 사람들이 천사를 해치려 할 때 천사가 한 일은?
그들의 눈을 어둡게 함(19:11).

128. 소돔성에서 천사의 이끌림을 받아 성 밖으로 나간 사람은 누구누구인가? 롯과 그의 아내와 두 딸 4명(19:16)

129. 롯이 도망하여 들어간 성 이름은? 소알성(19:22)

130. 소알의 뜻은? 작음(19:22).

131. 하나님께서는 소돔과 고모라를 어떻게 멸하셨는가?
하늘에서 유황과 불을 비같이 내려 멸하셨다(19:24 - 25).

132. 롯의 아내는 어떻게 되었는가? 하나님의 명령을 어기고 뒤를 돌아다본고로 소금 기둥이 되었다(19:26).

133. 하나님이 롯을 구하신 것은 누구 때문인가? 아브라함을 생

각하셔서 롯을 구하셨다(19:29).

134. 롯이 그의 두 딸을 통해서 이룬 두 족속은? 모압 족속과 암몬 족속(19:37 - 38)

135. 하나님께서 그를 가리켜 선지자라고 증거한 사람은?
아브라함(20:7)

136. 아브라함이 그랄 왕 아비멜렉에게 어떠한 거짓말을 했는가?
그의 아내 사라를 누이라고 하였음(20:1 - 7). 두 번째 아내를 누이라고 함.

137. 아브라함이 그의 아내를 누이라고 말한 이유는 무엇인가?
이곳에서는 하나님을 두려워함이 없으니 자기 아내로 인하여 사람이 자기를 죽일까 염려하여 거짓말을 하였다(20:11).

138. 아브라함과 사라와의 본래의 관계는? 아브라함의 이복누이 관계(20:12).

139. 아브라함은 몇 세에 아들 이삭을 얻었으며, 이삭은 며칠 만에 할례를 받았는가? 100세에 낳았고 8일 만에 할례를 받았음(21:4 - 5).

140. 이삭과 이스마엘이 한집에서 산 기간은? 이삭이 젖을 뗄 때까지(21:8 - 14).

141. 하갈과 그의 아들 이스마엘은 어떻게 되었는가? 이삭을 희롱한 후 쫓겨나서 바란 광야에서 살았다(21:9 - 21).

142. 하갈의 며느리의 출신지는? 애굽(21:21)

143. 아브라함은 브엘세바에서 무엇을 하였는가? 아비멜렉과 화평의 언약을 맺었으며, 에셀나무를 심고, 여호와의 이름을 불렀다(21:27 - 33). *브엘세바＝맹세의 우물

144. 하나님이 아브라함을 어떻게 시험하셨는가? 그의 아들 이삭을 번제로 하나님께 드리라고 명령하심(22:1 - 2).

145. 하나님이 그의 아들 이삭을 번제로 드리라고 한 곳은 어디인가? 하나님이 지시하신 모리아산(22:2 - 4).

146. 아브라함이 가로되 아들아 번제할 어린 양은 하나님이 자기를 위하여 친히 준비하시리라 하고 두 사람이 함께 나아가서(22:8).

147. 이삭 대신 제물로 바친 짐승은 무엇인가? 뿔이 수풀에 걸린 수양(22:13). *이삭은 바보처럼 순종＝모리아산의 제물이 되어 제단에 올라감.

148. 여호와 이래의 뜻은? 여호와께서 준비하심(22:14).

149. 모리아 사건 후 아브라함에게 주신 하나님의 축복은 무엇인가? 내가 네게 큰 복을 주고 네 씨로 크게 성하여 하늘의 별과 같고 바닷가의 모래와 같게 하리니 네 씨가 그 대적의 문을 얻으리라. 또 네 씨로 말미암아 천하 만민이 복을 얻으리니 이는 네가 나의 말을 준행하였음이니라(22:17 - 18).

150. 사라는 몇 살에 죽어 어디에 장사되었는가? 127세에 죽어 가나안 땅 마므레 앞 막벨라 밭 굴에 장사되었음(23:1, 19).

151. 아브라함은 막벨라 굴을 누구에게서 얼마에 샀는가? 헷 족속 에브론에게서 은 400세겔에 샀다(23:7 - 18).

152. 아브라함의 종이 리브가를 만난 곳은? 메소보다미아 나홀성 밖 우물가(24:10 - 20).

153. 아브라함이 이삭의 아내를 택하러 메소보다미아로 보낸 종의 이름은? 늙은 종 엘리에셀을 보냈음(15:2, 24:2 - 9).

154. 리브가의 오빠의 이름은? 라반(24:29).

155. 리브가는 누구의 딸인가? 아브라함의 동생 나홀의 아내 밀가의 아들 브두엘의 소생(24:15). *이삭과는 조카 관계

156. 이삭이 처음 리브가를 만날 때 무엇을 하고 있었는가?
들에 나가 묵상을 하고 있었음(24:63 - 65).

157. 아브라함의 후처는? 그두라(25:1)

158. 아브라함은 몇 살에 죽어 어디에 장사되었는가? 175살에 죽어 사라와 같이 막벨라 굴에 장사되었음(25:7 - 9).

159. 아브라함이 죽은 후 이삭은 어디에 거하였는가? 브엘라헤로이(25:11)

160. 이삭은 몇 살에 결혼하였는가? 40세(25:20)

161. 이삭의 쌍둥이 아들들의 이름과 그 뜻은? 에서 = 붉다. 야곱 = 발꿈치를 잡았다(25:25 - 26).

162. 에서가 동생 야곱에게 장자의 명분을 판 대가는? 팥죽 한 그릇(25:31 - 33)

163. 에서의 별명은 무엇인가? 에돔(25:30) = 붉다는 뜻.

164. 에서와 야곱의 차이점은? 에서 = 사냥꾼으로 아버지의 사랑을 받음.
야곱 = 종용한 사람으로 장막에 거하며 어머니의 사랑을 받음(25:27 - 28).

165. 이삭 당시의 블레셋 왕은 누구인가? 아비멜렉(26:1)

166. 이삭이 그의 부친 아브라함과 같은 죄를 범했는데 그것은 무엇입니까? 그의 아내를 누이라 하였다(26:7).

167. 이삭이 블레셋 사람들에게 미움을 받게 된 이유는?
여호와께서 이삭에게 복을 주어 거부가 되었기 때문(26:12 - 14).

168. 블레셋 사람들이 이삭을 그 땅에서 쫓아내기 위해 어떻게 했는가? 이삭이 판 우물들을 메우거나 약탈했다. 그러나 이삭은 모두 양보했다(26:15 - 22).

169. 이삭의 평소 생활을 잘 표현해 주는 말씀은 어디에 있는가?(26:25) 이삭이 그곳에 단을 쌓아 여호와의 이름을 부르고 거기 장막을 쳤더니 그 종들이 거기서도 우물을 팠더라.

170. 이삭은 브엘세바에서 무슨 일을 했나? 여호와께서 밤에 나타나 그에게 축복하시고 그는 일어나 단을 쌓고 여호와의 이름을 불렀으며 종들이 우물을 파서 물을 얻었음(26:24 - 25).

171. 에서가 사십 세에 취한 아내들의 이름은? 헷 족속 브에리의 딸 유딧과 엘론의 딸 바스맛(26:34).

172. 야곱은 왜 하란으로 피신했는가? 그가 부친 이삭을 속여 형 에서가 받을 축복을 가로챘으므로 에서가 그를 죽이려고 했기 때문(27:5 - 45).

173. 야곱의 뜻은? 발꿈치를 잡았다(27:36).

174. 리브가는 이삭에게 야곱을 하란으로 보내자고 무엇이라 말했는가? 내가 헷 사람의 딸들로 인하여 나의 생명을 싫어하여 야곱까지도 헷 사람의 여인을 취할까 봐(27:46).

175. 야곱이 벧엘에서 만나 본 하나님은? 나는 여호와니 너의 조부 아브라함의 하나님이요 이삭의 하나님이라(28:13).

176. 야곱이 벧엘에서 어떤 경험을 했는가? 꿈에 하나님을 만나

뵈었고 하나님이 주시는 큰 축복을 받았다(28:10 – 15).

177. 창세기 중 "하나님의 전이요, 하나님의 문"은? 벧엘(28:17 – 19)

178. 벧엘의 뜻과 본래 이름은 무엇이며, 야곱이 그곳에서 하나님께 서약한 것은 무엇인가? 벧엘＝하나님의 집. 본래 이름＝루스. 여호와께서 나와 함께 계시사 나를 지키시고 인도해 주셔서 나로 무사히 아비 집으로 돌아오게 하시면 여호와께서 나의 하나님이 되실 것이요, 내가 기둥으로 세운 이 돌이 하나님의 전이 될 것이요, 하나님께서 주신 것 중에서 십분의 일을 꼭 드리겠다고 서약함(28:19 – 22).

179. 레아의 시모는? 리브가(29:37)

180. 야곱은 아내 라헬을 얻기 위해 라반의 집에서 몇 년간 머슴살이했는가? 14년(28:18 – 30)

181. 레아가 먼저 낳아 준 네 아들들의 이름은? 르우벤, 시므온, 레위, 유다(29:32 – 35).

182. 야곱의 아내와 자녀들의 이름들을 열거하라? 레아＝르우벤, 시므온, 레위, 유다, 잇사갈, 스블론과 딸 디나. 라헬＝요셉, 베냐민. 빌하(라헬의 종)＝단, 납달리. 실바(레아의 종)＝갓, 아셀.

183. 야곱의 자녀의 총 수는 몇 명이나 되는가? 아들＝12명, 딸＝1명.

184. 야곱이 밧담아람에서 누구의 말을 듣고 떠났는가? 하나님의 지시에 따라(31:13).

185. 야곱이 밧담아람에서 떠날 때에 라헬이 그의 아비의 것을 도둑질한 것은? 드라빔(31:19)

186. 야곱은 외삼촌의 집에서 총 몇 년간 머슴살이를 했는가? 아

내를 얻기 위해 14년, 품삯을 위해 6년(31:41).

187. 야곱이 라반과 언약을 맺은 곳은 어디이며, 어떤 언약을 맺었는가? 장소, 라반＝여갈사하두. 야곱＝갈르엣(미스바).

내용, 두 사람 사이에 불신을 씻고 서로 떠나 있어도 여호와께서 함께하실 것을 기원하는 마음으로 증거의 돌무더기를 세웠다(31:44－52).

188. 창세기 32:10은 누가 누구에게 한 말인가? 야곱이 에서에게.

189. 야곱은 그의 형, 에서를 만나기 위해서 무엇을 준비했는가? 그의 소유 중에서 형, 에서를 위하여 예물을 준비, 형의 환심을 사려고 했다(32:13－15).

190. 얍복 나루에서 야곱은 밤이 맞도록 누구와 씨름을 했는가? 천사(성서에는 어떤 사람이라고 적혀 있음, 32:24－28)

191. 야곱이 새 이름을 얻은 곳과 그 이름의 뜻은?

얍복 강가에서 이스라엘이란 이름을 얻었으며 그 뜻은 하나님과 겨루어 이겼다(32:28).

192. 야곱과 에서가 만나는 장면은?

가족들을 뒤에 두고 앞서 나아가되 몸을 일곱 번 땅에 굽히며 그 형 에서에게 가까이하니, 에서가 달려와서 그를 맞아 안고 목을 어긋맞기고 그와 입 맞추고 피차 우니라(33:3－4).

193. 야곱이 가나안 땅에 돌아와 정착한 곳과 처음으로 한 일은? 세겜성이며 세겜의 아들 하몰의 아들들에게서 은 일백 개를 주고 산 밭에 단을 쌓고 엘엘로헤이스라엘이라 이름하였다(33:18－20). * 엘엘로헤이스라엘＝하나님, 이스라엘의 하나님.

194. 야곱의 딸 디나가 하몰의 아들 세겜에게 강간당함으로 빚어

진 사건은? 야곱의 두 아들 시므온과 레위가 계획적으로 세겜성을 공격하여 하몰의 부자와 세겜성의 모든 남자들을 진멸하여 크게 복수했는데 이 사건으로 야곱이 크게 근심하였다(34:1 - 30).

195. 디나의 잘못은 무엇인가? 세겜성의 여인들을 보러 다님(34:1).

196. 야곱의 딸 디나를 강간한 사람은 누구인가? 히위 족속 중 하몰의 아들 추장 세겜(34:2).

197. 야곱은 그의 딸 디나가 욕을 당했다는 말을 듣고 어떻게 했는가? 자기 아들들이 들에서 목축을 하므로 잠잠히 있었다(34:5).

198. 야곱의 아들들은 세겜이 어떻게 하면 디나를 주겠다고 속였는가? 할례를 받고 우리와 같이 되면 주겠다고 하였음(34:15).

199. 세겜성 남자들을 살해하고 디나를 데려온 야곱의 아들들은 누구인가? 디나의 오라비 시므온과 레위(34:25 - 26).

200. 근심 중에 있는 야곱에게 하나님은 무엇을 명령하셨는가? 벧엘로 올라가서 에서를 피해 하란으로 갈 때 나타나셨던 하나님께 단을 쌓으라고 하셨다(35:1).

201. 야곱은 디나 사건으로 벧엘로 올라가기 전에 그의 식구들에게 무엇을 명하였는가? 이방 신상을 버리고, 정결케 하고, 의복을 바꾸라(35:2 - 4).

202. 디나 사건 후 야곱이 하나님이 지시하여 가족들을 데리고 도망한 곳은? 가나안 땅 루스 곧 벧엘(35:6).

203. 야곱은 가족들을 데리고 벧엘에 도착하여 어떻게 하였는가? 그곳에 단을 쌓고 엘 벧엘(벧엘의 하나님)이라 불렀다(35:7).

204. 라헬은 어떻게 죽었는가? 베냐민을 낳다가 죽음. 라헬은 베

냐민을 베노니라 부름(35:18).

205. 라헬이 죽어 장사한 곳은? 에브랏 곧 베들레헴 길에 장사하였음(35:19).

206. 르우벤은 아비의 첩과 간통하여 이스라엘의 부끄러움이 되었다. 첩의 이름은? 빌하(35:22)

207. 이삭은 몇 살에 죽어 어디에 장사되었는가? 180세에 죽어 막벨라 굴에 장사되었음(35:28 - 29).

208. 에서는 어느 족속의 조상이 되었는가? 에돔 족속(36:1)

209. 요셉의 형제들이 요셉을 미워한 이유는?

형제들의 과실을 아비에게 고하고, 아비의 사랑을 받았고, 꿈 이야기를 했으므로(37:2 - 11).

210. 요셉이 꾼 꿈의 내용은?

① 요셉의 형제들이 밭에서 곡식을 묶는데, 요셉의 단은 일어서고, 다른 형제들의 단은 둘러서서 요셉의 단을 향하여 절을 함(37:7). ② 해와 달과 열한 별이 요셉을 향하여 절하는 꿈(37:9).

211. 요셉을 죽이고자 했을 때 반대한 사람은? 르우벤(37:21)

212. 요셉을 팔자고 제안한 사람은? 유다(37:26 - 28)

213. 요셉은 어느 족속에게 얼마에 팔렸는가? 미디안 사람 상고들에게 은 20개(27:28).

214. 요셉은 애굽에서 누구의 집으로 팔려갔는가? 바로의 신하 시위대장 보디발의 집(37:28).

215. 유다의 세 아들의 이름은? 엘, 오난, 셀라(38:1 - 5).

216. 유다의 며느리 다말은 유다가 그 아들 누구를 위하여 취하

였는가? 엘(38:6)

217. 시아버지도 되고, 남편도 되고, 할아버지도 되고, 아버지도 되는 사람은? 유다(38:1 - 30)

218. 다말이 그의 시부를 통해 낳은 쌍둥이의 이름은? 베레스, 세라(38:28 - 30).

219. 요셉과 보디발의 아내가 등장하는 장은? 39장(39:1 - 23)

220. 시위대장 보디발의 집에서 요셉이 당한 시험은? 보디발의 아내의 유혹을 받았으나 물리쳤다. 그러나 보디발의 아내가 요셉을 모함하여 감옥에 갇혔음(39:7 - 20).

221. 요셉이 범사에 형통하게 된 원인은 어디에 있었는가?

하나님이 그와 함께하셔서 그에게 은혜를 베풀었기 때문(39:23).

222. 요셉의 감옥에서의 해몽을 들은 후 전직을 회복한 관원장은 누구이고, 누가 죽었는가? 술 맡은 관원장은 회복되고, 떡 굽는 관원장은 죽었다(40:21 - 22).

223. 요셉의 꿈 해몽 장은? 41장

224. 바로의 꿈의 내용은 무엇인가? ① 아름답고 살찐 일곱 마리 암소가 하수에서 올라와 풀을 먹고 있는데, 흉악하고 파리한 다른 일곱 마리 암소가 올라와 살찐 소를 잡아먹었음.

② 충실한 일곱 이삭이 나오고 그 후에 세약하고 마른 일곱 이삭이 나와서 충실한 일곱 이삭을 삼켜 버림(41:1 - 8).

225. 요셉이 바로의 꿈을 해석한 내용은?

일곱 좋은 암소와 일곱 좋은 이삭은 애굽에 7년 풍년이 들 것을, 일곱 마리의 흉악하고 파리한 소와 세약하고 마른 일곱 이삭은 애굽에 칠 년 흉년이 들어 망하게 될 것이라고 해석함(41:25 - 32).

226. 요셉은 어떻게 석방되었는가?

요셉과 함께 감옥에 있었던 술 맡은 관원장의 소개로 바로의 꿈을 해석하여 주고(41:9 - 4).

227. 바로가 요셉을 어떻게 대우했는가? 애굽을 다스릴 총리로 삼았다(41:40 - 43).

228. 바로는 요셉의 이름을 무엇이라고 했는가? 사브낫 바네아(41:45)

229. 요셉이 바로에 의해 결혼한 아내는? 아스낫(41:45)

230. 요셉이 쓴 7년 흉년에 대한 대비책은? 7년 대풍년에 곡물을 거두어 저장해 두었다가, 7년 대흉년에 저장된 곡물을 팔아서 백성으로 하여금 기근을 면하게 하였다(41:46 - 57).

231. 요셉은 몇 살에 애굽의 총리가 되었는가? 30세(41:46).

232. 야곱의 아들들이 흉년에 곡물을 사러 어디로 갔으며, 거기서 누구를 만나게 되었는가? 애굽으로 갔으며, 거기서 요셉을 만났다. 그러나 그들은 요셉인 줄 몰랐다(42:3 - 7).

233. 요셉은 형제 중 누구를 잡아 가두었는가? 시므온(42:24 - 25)

234. 요셉이 누구를 보았을 때 울었는가? 자기의 친동생 베냐민(43:29 - 30).

235. 요셉이 그의 형제들을 돌려보낼 때 청지기에게 어떤 명령을 했는가? 양식을 각 사람에게 채울 수 있는 데까지 채우고, 각 사람의 돈은 그 자루에 도로 넣고, 요셉의 은잔을 베냐민의 자루에 넣으라고 했다(44:1 - 2).

236. 요셉이 베냐민을 붙잡아 두려 할 때 대신 종이 되겠다고 자청한 사람은? 유다(44:18 - 34)

237. 45:5 당신들이 나를 이곳에 팔았으므로 근심하지 마소서, 한탄하지 마소서, 하나님이 생명을 구원하시려고 나를 당신들 앞서 보내셨나이다.

238. 요셉이 형제들에게 자신의 정체를 밝힐 때는 몇 년째의 흉년이 계속되고 있었는가? 2년(45:6)

239. 요셉의 형제들이 왔다는 소식을 듣고 바로 왕은 어떻게 했는가? 요셉의 모든 가족들이 애굽으로 와서 좋고 기름진 땅에서 살도록 허락했다(45:16 - 20).

240. 야곱이 애굽으로 가는 도중 그 아비 이삭의 하나님께 희생을 드린 곳은? 브엘세바(46:1).

241. 야곱과 함께 애굽에 이른 자의 수는? 70명(46:27)

242. 요셉과 재회할 당시의 야곱의 나이는? 130세(47:9)

243. 야곱이 애굽 왕 바로를 축복했다는 기록이 나오는 장은? 47장(47:7 - 10)

244. 야곱과 그의 자손들이 거하게 된 애굽의 지역은? 고센, 라암셋(46:28, 47:11).

245. 요셉이 애굽에 세운 토지법은? 5분의 1은 바로에게 4분은 백성이 취하고 제사장의 토지는 바로의 소유가 되지 않음(47:24 - 26).

246. 야곱은 애굽에서 몇 년을 살다가 몇 세에 죽었는가? 17년, 147세(47:28).

247. 야곱이 요셉에게 한 유언은? 그가 죽은 후 그의 선조가 장

사된 막벨라 굴에 장사지내 달라고 함(47:29 - 31).

248. 요셉이 애굽에서 낳은 두 아들의 이름은? 에브라임, 므낫세 (48:5).

249. 야곱은 요셉의 아들들에게 축복할 때 어떻게 했으며, 왜 그렇게 했는가? 오른손을 에브라임에게로 하고, 왼손을 므낫세에게로 하여 축복했으며, 그 이유는 아우가 더 크게 될 것을 말했다(48:13 - 19).

250. 이스라엘의 열두 지파 이름

르우벤, 시므온, 레위, 유다, 스블론, 잇사갈, 단, 갓, 아셀, 납달리, 요셉, 베냐민(49:3 - 28).

251. 르우벤이 탁월하지 못한 이유는? 아비의 침상을 더럽혔음 (49:4).

252. 적 그리스도가 난다는 지파는? 단 지파(49:16 - 17)

253. 애굽 사람들은 며칠 동안 야곱의 죽음을 애통하였는가? 70 일(50:3)

254. 요셉의 보복을 두려워하여 엎드린 형제들에게 요셉은 무엇이라고 했나? "두려워 마소서, 내가 하나님을 대신하리이까?"라고 위로했다(50:19).

255. 요셉이 무엇을 예언했는가? 하나님이 훗날 이스라엘 백성을 애굽에서 인도하여 가나안 땅에 이르게 하실 것을 예언했다(50:24).

256. 요셉이 이스라엘 자손에게 부탁한 것은? 자신의 유골을 가지고 가라(50:25).

257. 요셉은 몇 세에 죽었는가? 110세(50:26)

258. 막벨라 굴에 장사된 여섯 사람을 써라. 아브라함, 사라, 이

삭, 리브가, 레아, 야곱.

259. 창세기 각 장의 이름

1장＝천지창조, 2장＝에덴동산, 3장＝인간타락,

4장＝가인과 아벨, 5장＝아담부터 노아까지의 족보, 6장＝노아, 7장＝홍수심판, 8장＝지면회복, 9장＝무지개, 10장＝노아의 계보, 11장＝바벨탑, 12장＝아브라함의 소명, 13장＝롯의 분가, 14장＝아브라함의 십일조, 15장＝후사 허락, 16장＝이스마엘, 17장＝이스마엘과 할례, 18장＝의인 10명, 19장＝소돔과 고모라의 멸망, 20장＝아브라함과 아비멜렉, 21장＝이삭의 출생, 22장＝모리아 산, 23장＝사라의 죽음, 24장＝이삭의 결혼, 25장＝아브라함의 죽음과 이삭의 두 아들, 26장＝이삭의 하나님, 27장＝야곱과 에서, 28장＝야곱의 하나님, 29장＝야곱의 두 아내, 30장＝야곱의 아들들, 31장＝야곱의 귀향, 32장＝얍복 강가에서 씨름한 야곱, 33장＝형제 만남, 34장＝세겜에서의 야곱 가정, 35장＝야곱 가정의 신임 개혁, 36장＝에서의 족보, 37장＝요셉의 꿈, 38장＝유다와 다말, 39장＝보디발과 요셉, 40장＝두 관원장의 꿈, 41장＝애굽의 총리가 된 요셉, 42장＝애굽에 온 형제들, 43장＝열두 형제의 만남, 44장＝요셉의 마지막 시험, 45장＝신분을 밝히는 요셉, 46장＝야곱 가족의 애굽 도착, 47장＝요셉의 토지 정책, 48장＝두 손자에게 축복하는 야곱, 49장＝열두 아들에 대한 예언과 야곱의 죽음, 50장＝야곱의 장례식과 요셉의 죽음.

모세오경

1. 이 름

　창세기, 출애굽기, 레위기, 민수기, 신명기라고 불리는 다섯 권의 경전을 모세오경이라 함.

　본래 한 권으로 되어 있었으나 그 분량이 너무 많아서 후대에 이를 다섯 개의 두루마리에 적어 보관한 데서 오경이라는 이름이 생겼다.

　그리스어 – 펜타 데우코스(Pentateuchos), 다섯 개의 두루마리를 보관하는 상자

　히브리어 – 토라(Torah) '지침, 법, 규정'. G(하나님)로부터 계시된 모든 진리는 모세를 통하여 주신 G의 계시의 말씀

2. 구 분

　B.C. 3세기경 번역된 70인의 역본 구분 이전에 나뉘고, 각 권의 내용을 대표할 수 있는 이름으로 붙였다.

　㉠ 창세기: Genesis 시작, 기원

우주창조와 더불어 인류의 기원인 태고사 히브리인들의 기원과 선민으로서의 그들의 위치 아브라함, 이삭, 야곱과 그의 아들들의 성조사로 야훼 G가 창조주이심과 Is(이스라엘)의 선조들을 통해 구원을 준비하신 분임을 서술

ⓒ 출애굽: Exodos 탈출 오경의 절정인 E(이집트) 탈출이야기와 시나이 계약 서술

ⓓ 레위기: Leuitikon 레위족의 법과 광야생활과 각종 율법들, 계약의 궤와 성막을 중심으로 한 갱신례 조직과 예전의 전례에 관한 것

* 레위기 - 민수기: G의 창조와 구원에 대한 재확인

ⓔ 민수기: Aritmoi 인구조사 및 공동체에 관한 것, 시나이 산에서 모압 평야에 이르기까지의 여정

ⓕ 신명기: Deuteronomion 제2의 율법, 새롭게 신앙 고백하는 모세의 연설로서 G의 구원행위를 일관성 있게 전개

3. 내용과 주제

E 탈출이라는 엄청난 민족 해방 사건을 체험한 Is 백성들은 그들의 역사 안에서 구체적으로 활동하고 계시는 G의 역사하심을 깨닫고 G께 대한 신앙을 고백하며 동시에 그들을 구원하신 G의 가르침이 기록됨.

ⓐ 창조: 세상은 G의 영광과 인간의 행복을 위하여 G의 계획에 따라 창조되었으며 G의 축복을 통해 지금도 창조는 계속되고 있다.

ⓛ 선택: G는 인류 구원의 도구로 Is 선조를 선택하시어 그들을 통해 전 인류를 구원하시겠다는 G의 약속의 구체적인 실현의 출발점이 되었다.

ⓒ 계약: 무조건적인 G의 사랑에서 온 것, G께서는 Is의 배반, 불순종, 거듭되는 위반에도 불구하고 그들과 맺으신 계약을 충실히 지킨다. 지금도 그 약속을 충실히 지키고 계시기에 거듭되는 죄 속에서도 우리에게 위로와 희망이 되어 준다.

    a. 노아와의 계약(창 9.8~.17)

    b. Ab(아브라함)과의 계약(창 15.18 & 17.4)

    c. 시나이 계약(출 19.1~.5 & 24.7)

ⓔ 율법: 이스라엘이 지켜야 할 의무가 곧 율법이다.

Is이 G의 뜻을 따르기 위해서 어떻게 살아야 하는가를 율법으로 가르치심.

    a. 계약의 법령(출 21~23)

    b. 거룩함에 관한 법령(레 17~26)

    c. 신명기 법령(신 12~26)

※ 유일신 Y께 대한 신앙

천대받는 노예, 외국인, 여인, 고아들에 대한 깊은 배려 G와 Is의 계약관계를 기반으로 한 공동체 정신

ⓜ 구원: Is이 그들의 전 역사를 통해서 출(出)을 회고하며 G께서 그들을 구원하셨음을 신앙고백, 이러한 구원은 J Ct(예수 그리스도)의 죽음, 부활을 통하여 새롭게 맺어진 영원한 계약의 성취를 말한다.

김이곤 교수가 말하는 모세오경의 기록과 의미는 다음과 같다. 오경이 단일 저자의 단일한 한 단위의 작품이 아니라는 것은, 비터(B. Witter)와 아스뛰룩(J. Astruc)으로부터 시작되었던 18세기 오경 비평학 이래, 하나의 통상적인 상식이 되었다. 그 후, 학자들은 오경의 비동질성(非同質性, Nonhomogeneity)을 설명하기 위하여 여러 가지 가설(Hypothesis)들을 제시하므로 이른바, 하나의 '가설의 시대'를 형성하였었다. 그러나 그라프(Graf), 큐넨(Kuenen), 벨하우젠(Wellhausen)에게서 그 절정을 이루었던 '문서가설'의 이론도 오경의 '모세 저작설'을 보지(保持)하려는 학자들, 일종의 단편가설의 부활을 시도하려 한 학자들, 옛 보충가설과 비슷한 이론에로 돌아가려는 학자들, J와 E를 개인 저자로 보지 않고 '설화자 학파'(Erz hlerschule)로 보려는 학자들, 그리고 구전의 긴 연쇄선이 포로 후기까지 계속되는 것이라고 이해하는 '특이한 전승사적 연구'(Alt － Noth의 전승사 연구와는 근본적으로 다르게) 등에 의해서 제동을 받거나 또는 완강한 배척을 받았다. 아마도, '문서가설'에 가장 도전적 반론은 주로 살라(Uppsala) 학파의 학자들로부터 나타난다 하겠는데, 그들에게 있어서, 신명(神名)의 차이는 자료의 차이 때문에 온 것이 아니라, 전승자(Traditionalist)의 의식적인 문체사용의 결과였으며 따라서 그들은, 벨하우젠의 학문구조란 구전(口傳)의 기능, 히브리인의 심리, 히브리 언어와 신택스(syntax)에 대한 오해에서 비롯된 것으로서 허구적이고 시대착오적인 현대적 지식의 인위적 조작이요, 서방논리의 산물에 불과하다고 주장하였다. 그러나 오경을 문학 자료의 종합이 아니라 전승의 덩어리라고만 생각하고 그것을 제의적 관점에서 이해해 버린다는 것은 구약 종교사를 일방적으로만 취급하는 것이라 하여, '문서가설'을 여전히 필요불가결한 방법론적 전제 또는 방법론적 기초로 삼는 것이 구미의 상금(尙今)의 입장이다. 그러나 그럼에도 불구하고, 고전적 '문서양식'은 그 한계성에 부딪히고 있음도 사실이다. 이로 인하여 우리는 새로운 두 가지 방법의 조화를 통하여 오경의 구성자료에 대한 보다 나은 이해에 도달하는 길을 모색할 수 있을 것이다. 그 첫째는 고전적 문학비평의 방법론을 좀 더 세련되게 다듬어 가는 길(일종, 최신 문서가설의 길과 같은 길)과 그 둘째는 문서가설의 개념을 새롭게 규정하고 관찰하는 길이다.

첫 번째의 길에서는 오경의 자료들이란 더 이상 결코 동종(同種)의 것(homogeneous)으로 나타나지 아니하고 여러 층들과 여러 가닥들로 구성되어 있다는 것을 발견한다. 예컨대, 슈라더(E. Schrader), 부데(K. Budde), 브루스톤(C. Bruston) 등은 J를 단일 저자의 문서라기보다는 여러 개의 설화 가닥들로 되어 있다고 보고 그 가닥들(strands)을 분리해 내는 작업을 처음으로 시작한 사람들이었다. 더욱이, 스멘트(Smend)가 J를 두 개의 독립된 자료인 J1과 J2로 분리하였고 헴펠(Hempel)은 J1, J2, J3로, 아이스펠트(Eissfeldt)는 J로부터 L(Laienschrift＝Lay Source, 俗資料)을, 포러(Fohrer)는 N(Nomadic Source, 유목자료)을, 몰겐스테른(Morgenatern)은 K(Kenite Source, 겐 資料)를 그리고 파이퍼(Pfeiffer)는 S(South and Seir Source, 남부 및 세일資料)를 분리해 냈다. 비록 J의 동종성(同種性, homogeneity)을 논증하려는 학자도 있으나 최근 많은 학자들이 J의 비동질성(Nonhomogeneity)을 인정하였다. 또한 J뿐만 아니라 심지어는 P조차도 그 동질성이 비판을 받았다. 즉 von Rad는 P를 두 개의 평행하는 가닥(PA와 PB)으로 구성되었다고 보았고 심지어 바엔취(Baentsch)는 7개의 P−sigla를 구분해 내기까지 하였다. 그리하여 P는 고대의 역사 설화와 후대의 율법의 미묘한 결합으로서 알려지기도 했다. 심지어 D의 경우에서조차도 엥그넬(Engnell)은 율법자료와 설화자료로 구분한다. 따라서 오경구성의 각 자료들은 율법집들을 제외하면 동질의 문서로 되어 있다기보다는 여러 개의 설화가닥들로 되어 있다 하겠다.

그다음 두 번째의 길에서는 문서의 개념이 다소 수정되었는데, 즉 양식 비평적 연구가들(Gunkel, Gressmann 등)은 문학이전의 단계, 즉 구전(口傳)의 단계에 관심하므로 오경자료들을 개인저자들의 세심한 조립구성으로서가 아니라 개인이 아닌 '학파'가 수집, 편찬한 고대 전승 자료들의 수집물로 보았다. 물론, 이들은 구전에까지 나아가는 데 있어서, J. E. sigla와 같은 자료비판은, 필요불가결의 관문으로 보았다는 점에 있어서 엥그넬이나 닐센(Nielsen)이 걸어간 길과는 다른 길을 걸어갔다 할 수 있을 것이다. 이러한 점에 있어서는 알트(Alt)와 노트(Noth)를 대표로 하는(Engnell의 것과는 조화될 수 없다는) 전승사적 연구의 길이 또한 있다. 여기서는 살라 학파와는 전혀 달리, 한편으로는 여전히 '자료비평을 유지하면서' 동시에 다른 한편으로는 그 배후의 오랜 '전승의 역사과정'을 탐구해 나간다. 그러므로 이상의 논의를 통해서 볼 때, J와 E를 단순히 '학파'로 본다든지 또는 오경자료를 '전승층'이나 '개인적 문서'로 보기보다는, 자료들이 한편으로는 연속성을 갖고 있음과 동시에 때로는 자주 설화의 여러 가닥들 및 자료의 복합성이라는 복합적 성격을 갖고 있다는 관점에서, JEDP 등의 각 siglum들을 오히려 그 배후에 여러 가지 길고 복잡한 역사 전승을 갖고 있는 '자료층(Source Stratum)'이라고 보는 것이 더 적절할 것으로 생각된다. 따라서 만일 우리가 자료층이라는 이름 밑에서 오경자료를 논구해 나가려고 한다면, 우리는 자료층의 성장에 관해서 물어야 할 것이다. 오경의 자료층은 초기 자료층을 형성한 설화 부분과는 다른 자료로서 율법집과 법전 부분을 모두 포함하는데 오경의 초기 자료층들은 오경의 핵을 이루는 설화, 즉 이스라엘 전승의 모체를 이루는 '땅 요구'와 '땅 점령'에 관한 구전설화들과 그리고 다른 많은 고대 전승들과 새로운 설화들로 구성된 공동의 기초공사(G = Groundwork, 구전편집물, Noth, Fohrer)에서부터 성장하였을 것으로 추측된다. 이러한 공동의 기초공사(G)에 대한 추측은 본래는 분명히 독립적이었던 J와 E의 유사성 및 동일 보조성(paripassu)을 통하여 얻을 수 있다. G는 본래 구전의 형태로 있었던 것인데 솔로몬 사후, 왕조 분열 시에 문서의 형태를 띠고, 예루살렘에서 이루어진 제2의 기초공사(G2)로부터 J와 E가 형성되었으며 본래의 구전형태를 그대로 지닌 더 고대 전승층에 속한 나머지(G1)로부터는 제3의 초기 자료층인 N(cf. J1, L, K, S)이 형성되었다. 이러한 컨텍스트에서 후대 자료층인 D와 P, 그리고 기타 부속법전들이 고찰되어야 할 것이다. 그런데 초기 자료층들은 이미 사용되었던 전승들을 성실히 따라갔으나 P는 초기 자료층들의 결합(JNE)을 전제하고 그것을 유효적절하게 사용하였다. 그리고 J와 N은 대체로 역사 전승에 제한되어 있으나 E와 P는 그 속에 율법 법전들을 병합해 넣었으며 D는 그 설화적 성격에도 불구하고 독립적인 율법 법전으로 존재하였고 C(Covenant Code)는 비록 그 본래적 자리를 더 이상 확인할 수는 없다 하더라도 E에 병합되었으며 P는 H(Holiness – Code)를 자체 속에 병합해 넣었다. 그리고 일반적으로 최고대의 자료층으로 분류하는 N 자료층은 J보다 더 이른 전승 군(G1)에 기초되었다 하더라도 J의 신학적 관점에 대한 하나의 응답으로 수집(蒐集)되었다는 가정에서 우리는, 오경구성의 자료층 연대순을 J – N – E(C) – D(H) – P로 분석할 수 있을 것이다.[27) 모세오경을 깊이 있게 연구하다 보면 그 본래의 의미보다는 기록자와 연대기, 등 부수적인 것에 관심이 쏠리게 된다. 이것을 극복하고 모세오경이 왜 읽히고 있고, 경전으로 사용되고 있는지를 파악하는 것이 더 중요하다고 볼 수 있다.

의미를 찾아가야 할 것이다. 다시 말하면 전통적으로 오랫동안 오경을 모세의 작품으로 인정해 온 이유는 첫째, 오경 자체 내에 모세가 하나님의 명을 받아 어떤 것을 기록했다는 표현이 가끔 나오고(출애 17,14; 24,4; 34,27; 민수 33,2; 신명 31,9.22.24; 신명기서 전체가 모세의 연설) 둘째, 구약성서 안에도 모세의 친저성을 전제한 표현들이 나오고(2역대 25,4; 35,12; 집회 24,22 – 39) 셋째, 그래서 유다교에서는 모세가 오경의 저자라는 전승이 생겨났고 넷째, 신약성서도 이 전승을 무비판적으로 수용했다(마르 10,5; 12,26; 마

---

27) 김이곤, 오경의 자료층들과 그 특성, 푸른솔.

태 19,8; 루가 24,44; 사도3,22; 13,39 로마 10,5; 19,1).

옛날 사람들의 저자 개념은 오늘날 우리들의 개념과는 다르다. 그래서 오경의 주인공이 모세이며, 모세오경이 모세의 정신과 권위에 의해 씌었기 때문에 어떤 의미로는 모세오경의 저자가 모세라고 말할 수도 있다.

모세오경은 네 가지 문헌사료들이 결합되어 집대성된 작품이다. 그중 특히 야훼계 문헌에서 하나님을 인간의 모습으로 (anthropomrphism: 신인동형설) 묘사하며, 다른 사료들은 하나님의 초월성을 강조하고 있다. 야훼계 문헌은 하나님의 친밀성을 강조하기 위해 신인동형설을 사용하고 있지만, 그런 표상을 통해 전해 주는 메시지는 결코 유치한 것이 아니고 엄청나게 깊다. 그래서 그러한 표상들은, 제한된 인간의 언어로 생동감 있게 하나님에 대해 이야기하고 싶어 하는 야훼계 저자의 문체적 특성을 반영한 것으로, 또 인간과 직접 통교하시는 하나님, 인간과 가까이 계시는 하나님, 세상에 적극적이고도 생활한 하나님의 현존의지를 묘사하기 위한 하나의 문학적 기법으로 이해하면 좋을 것 같다.

창세기 1-11장은 특히 황당무계한 이야기들로 짜여 있는데 이것은 오늘날 우리가 어떻게 이해해야 할까?

우리가 말을 할 때나 글을 쓸 때에 자기가 전달하고 싶은 의도를 효과적으로 전달하기 위해 그에 알맞은 표현법이나 문학유형을 고르게 된다. 시, 소설, 과학적 논문도, 생물학 교과서도 아니다. 또 과학적으로 인류의 기원이나 우주 개벽설을 이야기하고 있는 것도 아니다. 다만 그 당시 사람들이 잘 알고 있던 소박한 우주관을 바탕으로 하고 있으며, 고대 근동에 널리 퍼져 있던 신화, 전설, 민담, 찬미가, 족보 등 전승 자료들을 수집하여 이스라엘이 고백하는 하나님께 대한 신앙의 관점에서 정화, 개정, 보완하여 이용하고 있다. 오늘날 우리에게는 다소 생소한 이런 문학양식들과 표상들을 사용하여 하나님과 인간, 인간과 인간, 인간과 자연 사이의 바람직한 관계를 이야기하며, 인간의 가장 원초적이고 보편적인 문제들을 원인론적으로 다루고 있다.

이런 점들을 염두에 두고 읽는다면 그 표상이나 문학유형, 문학기법들이 크게 문제될 것도, 황당무계한 것도 아니라고 생각한다.

오경에 나오는 다른 이야기들은 역사적으로 그 근거를 찾을 수 있나?

성서는 오늘날 우리가 이해하고 있는 대로의 엄격한 역사기술 법칙에 따라 기록된 것은 아니다. 정확한 역사기술이 목적이 아니기 때문이다. 성서를 구성하고 있는 자료들은 오랫동안 구전되어 오면서 전승과정에서 많은 손질과 변화를 겪은 민담자료들이 대부분이다. 그래서 성서의 이야기들을 역사의 문맥 속에 바로 환원시키거나, 그 자료들을 바탕으로 정확한 역사적 사건들을 재구성하기란 매우 어렵다. 그렇다고 역사와 무관하다는 말은 아니다. 역사에 뿌리를 박고 있긴 하지만 역사기술방법으로 기록되지 않았다는 말이다. 그래서 학자들은 고대 근동의 여러 고고학적 발굴 자료들이나 고대 근동의 역사, 문화, 풍습, 법 전승, 이름 등을 조사 연구하고, 성서에 나와 있는 내용들과 비교하면서 성서가 기술하고 있는 사건들이 역사적으로 어느 시기, 어느 상황에 가장 근접하고 있는지를 살펴,

그 역사적 배경과 뿌리를 알아내려고 노력한 결과 상당한 성과를 거두기도 했고 성서 이해에 많은 도움을 준 것도 사실이다. 그러나 성서 저자의 일차적인 관심은 하나님이 인간역사에 개입하여서 인간과 함께 엮어 가는 구원의 역사 속에서 하나님과 인간의 바람직한 관계가 무엇인지에 집중되어 있다. 그러므로 성서에 나와 있는 이야기가 역사적으로 근거가 있느냐 없느냐를 묻는 것은 부차적일 뿐 성서 저자의 일차적 관심사는 아니다. 그러므로 우리도 성서를 읽어 가면서 저자의 관심과 의도를 이해하는 데 일차적 관심을 갖는 것이 중요하다.

아브라함을 '믿음의 조상'이라고 하는데 그 말뜻은 무엇인가?

창세기 12장 1-4절을 보면 하나님께서 아브라함을 불러 축복을 약속하시고 "네 고향과 친척과 아비의 집을 떠나 장차 내가 보여줄 땅으로 가거라."(12,1)고 말씀하신다. 그러자 "아브라함은 야훼께서 분부하신 대로 길을 떠났다."(12,4) 즉 하나님의 말씀을 믿었기 때문에 인간적으로 안정감을 주는 모든 것을 버리고 막연한 미래를 향해 떠남으로써 하나님께 순종한다.

또 22장에서 하나님께서는 약속의 상속자인 외아들 이삭을 제물로 바치라고 말씀하신다. 하나님께서는 아브라함에게 많은 후손을 주시겠다고 약속을 하시고 늙은 나이에 기적적으로 이삭을 주심으로써 약속이 실현되리라는 믿음을 갖게 하신다. 그런데 바로 그 외아들을 제물로 바치라고 말씀하심으로써 약속의 실현을 스스로 파기시키시려는 듯이 보인다. 이런 상황 속에서 아브라함으로서는 그에게 하나님이 하시는 일이 도무지 이해가 되지 않고 자가당착적으로 보였을 것이다. 그래도 그는 하나님의 말씀을 믿고 순종한다. 그리고 성서는 아브라함의 이런 믿음이 결코 헛되지 않았음을 보여 준다. 그리하여 아브라함은 어떠한 상황 속에서도 믿음을 가지고 하나님의 말씀에 순종한 신앙의 귀감이 되었고 '믿음의 조상'이라는 전승이 구약성서 안에서는 물론 외경들과 신약성서에까지 전해져 내려오게 되었다.

아브라함, 이삭, 야곱, 요셉 등 이스라엘 조상들의 이야기가 성서의 첫 부분을 장식하고 있는 이유는 무엇이며 오늘 우리와는 무슨 상관이 있나?

이스라엘 백성들의 가장 원초적인 신앙고백은 '이스라엘을 이집트의 노예상태에서 이끌어 내신 해방자로서의 하나님'이다. 그런데 하나님께서 이스라엘을 해방시켜 그들의 하나님이 되어 주고, 많은 후손과 정착해 살 땅을 주신 것은 바로 선조들에게 하신 약속 때문이라는 것이다. 모세오경 안에서 하나님의 이 약속은 어느 정도 실현되지만, 그 완전한 성취는 항상 미래를 향해 열려 있다.

하나님께서 아브라함과 그 후손을 부르신 궁극적인 목적은 이스라엘 자손들만을 위한 것이 아니고 그들을 통해 만민을 구원하시려는 것이었다(창세 12,1 - 3; 22,18; 26,46; 28,15). 그래서 조상들에게 하신 약속의 완전 성취는 예수 그리스도를 기다려야 했고, 또 종말의 날 최종적인 성취를 향해 계속 나아가고 있다. 그러므로 조상들에게 하신 하나님의 약속은 우리를 포함한 인류 구원사의 서문이기도 하다. 하나님의 약속에 대한 선조들의 믿음과 순종은 우리에게도 귀감이 되고 있다.

출애굽기에서 주로 말하고 있는 것은 무엇인가?

하나님께서는 선조들에게 하신 약속을 실현시키기 위해 역사에 개입하여 행동을 개시하신다. 그래서 모세를 불러 파라오와 대결을 벌이신 후 종처럼 파라오를 섬기던 백성들을 해방시켜 하나님을 섬기는 백성을 만들기 위해 사막으로 이끌어 낸다. 그러나 그들은 사막이 주는 시련을 견디어 내지 못하고 투덜거리며 노예의 땅으로 돌아가고 싶은 유혹과 충동을 느낀다. 그럼에도 불구하고 하나님께서는 인내로 사랑의 손길과 능력을 보여 주시며 그들을 시나이 산으로 인도하신다. 그리고 계약을 통해 '나는 너희 하나님, 너희는 내 백성'이라는 관계를 공식화시킨다. 그러나 바로 그 직후, 이스라엘 백성들은 금송아지를 만들어 "이 신이 우리를 이집트 땅에서 데려온 우리의 신이다."라고 함으로써 방금 체결한 하나님과의 계약관계를 정면으로 거부하고 배신하는 행동을 한다. 하나님께서는 이 백성을 없애 버리고 새로 시작하겠다고 역정을 내시지만 '조상들에게 하신 약속을 기억해 주시도록' 간언한 모세의 중재를 통해 화해를 이룬다. 출애굽기 끝부분에는, 하나님이 당신 백성과 함께 계실 거소인 성막을 짓고, 또 백성으로서 하나님께 바치는 최고의 흠숭행위인 제사를 봉헌할 제단과 제구들이 마련된다. 출애굽기의 중심테마는 하나님과 백성간의 계약을 통한 관계정립에 초점이 모아져 있다.

수많은 백성들 중에서 하나님은 왜 하필이면 이스라엘을 선택하셨을까? 선택받았음은 무엇을 의미하나?

이 선택은 오로지 하나님의 자유로운 의지에서 출발한다. 하나님의 사랑만이 그것을 설명할 수 있다. 하나님이 그들을 선택하신 것은 "그들의 수효가 많거나 세력이 강해서가 아니고"(신명 7,7) 또 "그들이 특별히 착하기 때문도 아니었다."(신명 9,4 - 6). 그보다는 오히려 그들을 사랑하시기 때문에 선택하셨다(신명 4,32 - 40; 7,6 - 10). 이런 선택을 통해 이교 백성들 가운데 야훼의 위엄과 사랑을 현양하기 위해 그들을 선택하셨고, 모든 민족보다 우월한 존엄성과 명성과 영광을 갖춘 거룩한 백성을 만들기 위해 선택하신 것이다 (신명 26,19).

하나님께서 하찮은 종의 무리를 당신의 특별한 백성으로 선택하신 것은, 그들만을 위해서가 아니고 그들을 통해 만민을 구원하고 축복하시기 위한 것이다. 이 백성들은 그들의 하나님이 지혜로우시고 정당하시다는 것을 다른 민족들에게 증명해 보일 사명을 부여받은 것이다(신명 4,5 - 8). 따라서 이 선택은 하나의 특전이요, 영광이지만 다른 한편으로는 봉사의 삶을 살고, 정의를 실천하며 그로써 하나님의 이름을 뭇 백성들에게 알릴 중요한 책임인 것이다. 그러나 역사적으로 볼 때 이스라엘은 하나님 백성인 선민으로서 지위를 특전으로만 생각하고 봉사를 외면한 채 편협한 국수주의적 구원관을 고집하다가 결국 하나님의 백성의 지위를 잃고 말았다.

이와 마찬가지로 세례를 통해 우리를 당신의 새로운 백성으로 선택하신 것도 우리의 구원만을 위해서가 아니라, 모든 사람들에게 당신을 알리고 당신의 영광을 드러내는 도구로 쓰시고자 한 것임을 깨달아야 하겠다. 하나님의 선택은 항상, 특전임과 동시에 봉사를 위한 책임임을 잊지 말아야 하겠다.

이스라엘의 적인 경우, 성서에 기록된 것처럼 하나님은 그들을 미워하고 버리신 것일까?

우리가 글을 읽을 때, 특히 오래된 글을 읽을 때 현재 우리의 인생관, 세계관, 가치관, 윤리관, 사고방식에 입각해서 읽으면 저자의 의도와는 달리 오해가 생기는 경우가 많다. 그래서 우리는 가능한 한 당시로 소급해서 그 당시 사람들의 입장에 서서 저자의 의도와 강조점을 파악하고 이해하려고 노력하는 것이 중요하다.

성서에 기록된 내용들은 현재 우리와는 상당히 다른 세계 속에서 기록된 글임을 잊어서는 안 된다. 성서에는 전쟁에 관한 기사가 여러 번 등장하고 그때 이스라엘의 적은 하나님의 적으로 간주되어 무자비하게 전멸하는 장면들이 묘사되어 나온다. 이 전쟁에 관한 기사들은 우리에게 좀 생소한 성전이라는 특이한 문학양식에 의해 기록되고 있다. 성전이란 하나님께서 계약관계에 있는 당신 백성들 편에 서서 싸워 주신다는 관점에서 기록된 것이다.

그 의도는 첫째, 이 전쟁의 승리를 통해 하나님이 얼마나 강하신 분인가를 말하고 둘째, 악의 세력에 내린 하나님의 심판으로 묘사하여 하나님이 얼마나 정의로운 분인가를 나타내고 셋째, 하나님이 당신의 계약에 얼마나 충실한 분인가를 보여 주기 위한 문학양식이다. 이런 전쟁개념은 이스라엘뿐만 아니라 고대 근동사람이면 누구나 친숙한 양식으로 받아들였다.

그런데 성서에 나타난 하나님의 계시는 점진적으로 이루어지며, 각 단계에서 하나님의 계시와 하나님에 대한 이해는 단편적이고 부분적일 수밖에 없다. 그래서 하나님의 말씀이 사람이 되어 우리 가운데 오신 예수 그리스도의 빛 속에서만 하나님의 계시는 완벽하게 해석

될 수 있다. 예수께서 계시하신 하나님은 만민을 구원하시며 차별 없이 누구나 사랑하시고 아무도 구원에서 제외시키지 않으시는 분이시다. 이런 관점에서 본다면, 이스라엘의 적으로 간주되었던 한 사람, 한 사람을 하나님께서 미워하시고 버리셨다고 말하기는 어렵고, 하나님만이 아시는 방법으로 자비롭게 대해 주셨으리라 생각한다.

이집트 탈출이야기를 읽으면, 기적담이나 모세의 영웅담처럼 신나고 극적인 요소가 많은데, 그렇다면 이스라엘 백성들은 아무것도 하지 않고 하나님과 모세가 하는 일을 구경만 하다가 떡만 얻어먹은 셈이 되나?

역사적인 신앙고백문(신명 26,5 - 9; 6,21 - 25; 여호 24,2 - 13)이 밝히고 있는 바와 같이 이스라엘인들은 자기네 역사의 기원을 비탄과 압제에서의 경이로운 해방인 출애굽에 두고 있다. 무력하고 절망에 빠져 있던 노예들에게 하나님이 나서 주시지 않았다면 하나의 백성으로 형성되지 못했을 것이다.

그들이 할 수 있었던 것이라고는 고작 고역을 견디다 못하여 신음하며 아우성을 치는 일이었다. 이렇게 고역에 짓눌려 하나님께 울부짖으니 하나님께서는 그들의 신음소리를 들으시고 아브라함, 이삭, 야곱과 맺으신 계약을 생각하시어 이스라엘 백성을 굽어 살피셨다(출애 2,23 - 25).

한 민족으로서 그들의 기원은 하나님으로 인해 오직 하나님에 의해서만 존재하게 된 것이다. 출애굽 사건으로 이스라엘 백성들은 해방이 온전히 하나님의 자비와 권능으로 이루어진 것임을 알게 되었다. 따라서 이집트 탈출은 이스라엘의 민족적 신원의식의 바탕이 되었고, 모든 사람들에게 선포되고 전파되어야 할 기쁜 소식이었으며 세세대대로 전수되어야 할 사건이었다. 그래서 이 사건은 기쁨과 감사의 노래들 주제가 되었고 과월절 축제가 열릴 때마다 다시 설명되었으며, 전례를 통해 이 사건이 재현되고 이 사건에 다시 참여하여야만 했던 것이다.

계약이란 쌍방이 어떤 이익이나 목적을 가지고 서로 약속하는 것인데, 하나님과 사람 사이도 그런 것이 가능한가?

성서에 나타난 계약 전승은 두 가지 형태로 나타난다.

첫째는 아브라함 – 다윗과 맺은 계약으로 이것은 하나님께서 일방적으로 주시는 은혜로운 계약이다. 그러나 다른 하나의 계약은 시나이 계약으로 고대 근동의 종주권 계약과 유사한 형태의 쌍무계약이다.

헷족 계약과 성서의 계약 내용을 비교해 보면 다음과 같다.

1) 종주국의 왕이 자신을 소개하는 전문(출애 20,2)

2) 종주국이 종속국에 베푼 호의와 은전을 열거하는 역사적 서언 (출애 19,4; 20,2)

3) 종속국이 지키고 따라야 할 법률 선포(출애 19,5;20,3 – 17)

4) 계약문을 베껴 두고 정기적으로 읽어 의무를 소홀히 하지 말 것을 말하는 계약의무(출애 24,4; 12; 신명 31,10 – 11)

5) 신들의 이름을 불러 증인을 삼는 것(성서에서는 신들을 증인으로 세우지 않는다.)

6) 계약의무에 충실하면 축복을, 불충하면 저주를 내린다는 규정들(출애 20,5 – 7; 신명 27 – 28장)

이런 비교를 통해 나타난 대로 시나이 계약이 비록 근동의 종주
권 계약인 雙務契約형식으로 주어져 있긴 해도 의미상으로 꼭 같은
것은 아니다.

　　계약의무가 종주권 계약에서는 세력이 강한 왕으로부터 약한 왕
에게 강압적으로 주어지며 종속국은 다른 선택의 여지가 없다. 그러
나 하나님과 백성간의 계약은 자유선택이 바탕이 되며 진정으로 백
성들을 위하시는 하나님의 사랑에서 나온 것이며, 하나님 자신도 계
약의무를 지닌다. 따라서 이 계약은 하나님께서 인간의 자유를 속박
하기 위해서 맺으신 것이라기보다 오히려 쌍방의 자유와 책임에 의
한 인격적 사랑의 약속이다. 따라서 성서는 하나님과 백성 간의 계
약관계를 부자간의 관계, 부부간의 관계, 목자와 양떼의 관계 등 인
격적인 믿음과 사랑의 관계로 설명하지, 권리와 의무에 바탕을 둔
법률적 관계로 설명하지는 않았다.

　　계약을 맺음으로써 하나님과 이스라엘 백성 간에 무엇이 달라졌
나?

　　시나이 계약을 통해 하나님과 백성은 '나는 너희 하나님 너희는
나의 백성'이라는 특수한 관계를 맺었다. 그래서 하나님은 이스라엘
의 하나님으로서 항상 이스라엘과 함께 있어 그들을 지켜 주시고
축복해 주시고 구원으로 이끌어 주시는 주님이 되셨다. 한편, 이스
라엘은 뭇 백성 가운데 하나님의 선택을 받은 백성이 되어 하나님
의 것이 되는 영광을 누리게 되었다. 이제 그들은 하나님만을 그들
의 유일한 주님으로 모시고 사랑하며, 최고의 흠숭행위인 제사를 봉
헌하여 하나님을 섬기며, 그분이 주신 계명과 법규를 지킴으로써 사

제의 직책을 맡은 나라, 거룩한 하나님의 백성이 된 것이다.

그 계약은 쌍방이 끝까지 다 지켰나?

그렇지 않았다. 물론 하나님께서는 이 계약에 끝까지 신의를 지키시고 충실하시다. 이런 개념을 히브리어로 '헤셋'이라고 하는데 우리말로는 계약에 대한 신의 혹은 충실성, 사랑, 자비 등으로 번역된다.

하나님께서는 이 '헤셋'의 정신으로 당신의 약속을 성취시키시려고 노력하지만 인간 편에서는 불충과 배신으로 응답하여 이 약속의 성취가 좌절될 뻔한 위기를 자주 맞게 된다. 그러나 하나님께서는 이런 반성취 요소들을 인내하여 극복해 나가시면서 결국 약속의 성취에로 이끄신다는 것이 오경의 기본적인 흐름이다. 하나님의 계약에 대한 충실성이 인간의 불충보다 강하다는 것이 성서가 선포하는 하나님이시다.

출애굽기 19장 이하 오경에는 수많은 법률들이 나오는데, 오늘날 우리도 그것들을 낱낱이 지켜야만 하는가?

성서에는 많은 계명과 법규들이 나오는데, 이것들은 계약관계 안에서 하나님의 거룩한 백성이 되기 위해 필요한 규정들로 되어 있다. 문학 양식적으로 보면 크게 두 가지로 나눌 수 있는데, 정언법과 결의법이 있다.

정언법은 '-할지니라'는 형식으로 성문화되어 있는 종교적인 법으로서 십계명이 그 대표적인 예이다. 결의법은 '-하면 -한다'는 형식으로 조건과 경우가 명시된 관습법들이다. 십계명은 물론 오늘날에도 유효하고 그대로 지켜야 한다. 그러나 수많은 관습법들은 당시의 특수한 시대와 상황 속에서 통용되던 법으로서 오늘날 우리가 그 당시 사람들이 했던 것처럼 이 모든 법들을 글자 그대로 지키기는 불가능하다고 생각한다. 이 법들은 거룩한 하나님의 거룩한 백성이 되기 위한 법규들로서 그 기본정신은 하나님과 인간을 사랑하라는 것이다. 글자 그대로 지킬 수는 없어도 사랑의 기본 정신만은 오늘날도 그대로 살아 있고, 더욱 철저히 실천되어야 할 것이다.

그 많은 법률 중 가장 중요한 것은 어느 것인가?

십계명이 가장 기본적인 법으로서 출애굽기 20장과 신명기 5장에 거의 비슷한 형태로 나와 있다. 히브리어로는 '열 가지 말씀'을 의미하지만, 그 계명의 분류는 유다교, 개신교, 가톨릭교회가 약간씩 다르다. 그러나 십계명의 서문이 밝히고 있는 바와 같이 "나는 야훼 너희 하나님, 너희를 이집트에서 이끌어 낸 자이다."라는 말씀 뒤에 구체적인 계명들이 주어진다. 따라서 십계명은 이집트 종살이에서 해방시키시고 계약을 통해 당신 백성으로 성별하여 주신 하나님의 사랑에 대한 응답형식으로 주어졌다. 십계명은 하나님께서 먼저 사랑해 주셨고, 다른 백성들과 구별되는 거룩한 백성으로 만들기 위해 주신 하나님의 사랑의 선물이다. 따라서 우리는 십계명을 하나님의 사랑의 선물로 여기고 그 사랑에 응답한다는 마음으로 지켜야지, 어기면 벌을 받는 엄격하고 딱딱한 법률로 생각하고 의무감에서 기계적, 형식적으로 지켜서는 아무런 의미가 없다는 것을 깊이 인식해야 한다.

당시 십계명처럼 윤리적으로 상당히 발전된 법을 지닌 이스라엘은 고대 근동에서도 가장 훌륭한 문화를 지닌 백성이었나?

이스라엘은 지리적으로 볼 때 세계 4대문명의 발상지인 메소포타미아와 이집트 사이에 끼인 조그마한 나라다. 그래서 이들 나라들로부터 정치적, 문화적, 군사적 영향을 많이 받았고 성서 곳곳에서 그런 영향의 흔적을 느낄 수가 있다.

그러나 이스라엘은 국가 형성에서부터 야훼신앙이 민족적 신원의식 속에 깊이 뿌리박혀 있었기 때문에 이런 나라들로부터 많은 전승 자료들을 수용하면서도 야훼신앙에 비추어 정화 수용했고, 그래서 독창성을 유지할 수가 있었다.

어떤 학자는, 십계명은 이스라엘의 고유한 종교법으로서 그것의 '삶의 자리'가 이스라엘의 계약갱신 축제였다고 주장하기도 한다. 따라서 십계명은 단순한 문화유산이라기보다 야훼 하나님의 신앙에 바탕을 둔 법이라고 생각한다.

그 내용을 보더라도, 첫 세 계명들은 하나님과 백성의 관계를 나머지 일곱 계명들은 백성들 사이의 인간관계 및 재물에 대한 관계를 규정하고 있다. 즉 하나님 앞에서 하나님 백성으로서 취할 근본적인 자세를 규정하고 있으므로 높은 윤리의식을 담고 있다고 본다.

레위기에서 주로 말하고 있는 것은 무엇인가?

모세오경 전체의 맥락에서 볼 때 레위기의 중심 주제는 시나이 계약을 통해 공식화된 하나님과 백성 간의 관계를 잘 유지, 발전시켜 나가기 위해 백성들이 지켜야 할 명령, 법규, 규정들을 담고 있다. 거룩하신 하나님의 거룩한 백성이 되기 위해(19,6) 필요한 법들로서, 흠 없는 거룩한 제사 봉헌과 관계된 제사법(1-7장)과 사제 축성예식(8-10장), 하나님 백성으로서 지녀야 할 깨끗한 몸가짐을 규정한 정결법(신체부정: 1 - 16장), 또 하나님 백성으로서 거룩한 마음가짐을 규정한 성화법(윤리적 부정: 17 - 26장) 등을 담고 있다.

하나님과 백성이 맺은 관계를 잘 유지해 나가기 위한 지침서로서 레위기의 의도가 긴 연설문 속에 잘 나타나 있다. "너희가 만일 내가 정해 준 규정들을 따르고, 내가 지시한 계명들을 지켜 그대로 하면…… 내가 너희 가운데 살며, 너희 하나님이 되고 너희는 내 백성이 되리라…… 나 야훼는 너희를 이집트 땅에서 이끌어 내어 종으로 부리지 못하게 한 너희의 하나님이다."(레위 26,3.12 - 13).

"하나님께서 거룩하시니 너희도 거룩하게 되어라." 하며 레위기에서는 특히 많은 법들을 제시하고 있는데, 그 법을 글자 그대로 지키면 우리도 거룩해질 수 있나?

오늘날 우리가 살고 있는 환경 및 세계는 레위기가 전제하고 있는 환경 및 세계와는 많이 다르다. 따라서 레위기가 제시하는 모든 법을 글자 그대로 지킬 수도 없을 뿐만 아니라, 지킬 필요도 없다. 그러나 거룩한 하나님의 백성답게 살도록 종교적, 신체적, 윤리적 부정을 피해야 한다는 레위기의 근본정신은 오늘날도 변함이 없다. 레위기의 법들을 피상적으로만 보면, 내적인 마음가짐보다 외적인 행위를 지나치게 강조한다는 인상을 준다. 그러나 외적인 정결은 실상 내적인 정결의 표현이며 마음의 회개 및 하나님과의 일치를 목적으로 하고 있다. 비록 후대에 이르러 이스라엘 종교가 형식적인 면으로 치우쳐 예수님의 비판을 받았고, 또 많은 규정이 사실상 효력을 상실하였지만 그 안에 내포된 근본정신, 즉 거룩하신 하나님과 일치하고 화해해야 한다는 믿음만은 언제나 그대로 남아 있고 또

남아 있어야 한다.

유랑하던 광야의 백성 이스라엘에게 성막에 대한 까다로운 규정이 주어진 이유는 무엇인가?

계약을 통해 맺어진 하나님과 백성의 관계를 바탕으로 볼 때, 하나님께서는 항상 당신의 백성과 함께 계시며 이스라엘을 지켜 주시고, 이스라엘은 자기들의 하나님께 흠 없는 제사를 바쳐 섬겨야 합니다. 성막이란 바로 백성들 가운데 지속적으로 현존하시는 하나님의 것이요, 백성들에게는 하나님께 제사를 봉헌하는 가장 거룩한 곳이다. "내가 이스라엘 백성 가운데 내려와 머물며 그들의 하나님이 되리라. 그리하면 그들은 야훼가 저희 하나님임을 알리라. 내가 저희 가운데 내려와 머물려고 저희를 이집트 땅에서 데리고 나온 저희 하나님을 알리라. 나 야훼가 그들의 하나님이다."(출애 29,45 - 46).

또 이 성막은 하나님께서 이스라엘 백성을 만나 주시는 곳이다. 그러므로 거기에서 하나님의 영광을 나타내어 거룩한 곳이 되게 해야 한다(출애 29,43). 따라서 성막은 하나님의 현존의 장소요, 백성과의 만남의 장소로서 가장 거룩한 곳이므로 하나님의 영광이 드러날 수 있도록 세심한 배려를 기울여야만 했고, 그래서 까다로운 규정들이 주어졌다.

민수기에서 주로 말하고 있는 것은 무엇인가?

민수기는 역사 설화와 법률이 뒤섞여 그 구조나 내용이 오경 중에서 가장 복잡한 책이다. 민수기에서는 시나이 산 체류로부터 모압 평원에 이르기까지의 사막 유랑을 그리고 있는데, 여기서 체험한 하나님의 구원행위를 묘사하며 그 사이사이에 전례법, 관습법, 사회법 등이 삽입되어 있다.

모세오경의 전체적인 맥락에서 볼 때 민수기는 땅의 점유에 대한 약속의 성취에 깊은 관심을 보이고 있다. 서두에 나오는 인구조사도 땅의 점유와 연결된다. 즉 인구조사의 목적은 20세 이상 전쟁에 나갈 수 있는 장정의 수를 조사한 것인데, 약속의 땅은 싸워서 얻어야 할 땅이므로 그에 대한 준비의 일환으로 볼 수 있다. 그리고 "증거의 성막에서 구름이 걷히자 이스라엘 백성은 시나이 광야를 떠나 진지를 옮겨 행진을 시작하는데"(민수 10,11) 이것도 곧 야훼께서 주시겠다고 한 땅을 향해 떠난 것이다(10,9). 그 뒤 13장에서는 이스라엘 12지파의 대표들로 구성된 정탐꾼들이 약속의 땅에 몰래 들어가 땅의 열매를 가져와 맛을 본다. 이것은 땅의 점유에 대한 선참(anticipatio)이요 상징적으로는 땅의 점유가 이루어졌음을 뜻한다. 그러나 한편, 이런 하나님의 약속성취의 노력에도 불구하고 백성들의 배신행위인 반성취 요소들이 나타난다. 모세의 권위에 대해 불평하고, 출애굽을 통해 보여 주신 하나님의 능력을 의심하며, 노예의 땅인 이집트로 돌아가고 싶은 욕망을 나타낸다. 처음 있는 일도 아니고 해서(출애 32,10) 야훼께서는 이 백성들을 없애 버리고 새로 시작하시려 한다(민수 14,12). 그러나 모세는 다시 한 번 선조에게 내리신 약속에 호소하여(14,16) 하나님의 진노를 진정시킨다. 그러자 야훼께서는 "이 세대 중 여호수아와 갈렙을 제외하고는 아무도 조상에게 주겠다고 맹세한 땅을 보지 못하리라."는 결정을 통해 타협을 하신다(14,23.30 이하). 그리고 결국 요르단을 건너기 전에 땅의 분배가 명령되고, 상속문제가 해결되며, 미디안과 요르단 동쪽 땅이 정복되며 예리고 근처 요르단 강가 모압 평원에 진을 친다(36,13). 약속의 땅에 대한 하나님의 성취노력이 인간의 반성취 요소에 부딪혀 위기를 맞지만 결국 하나님께서는 이런 장애들을 극복하시고 약속대로 약속의 땅 문턱까지 이스라엘 백성을 데려다 놓는다.

민수기는 첫 장부터 수효만 잔뜩 늘어놓는데 그것도 성서라고 읽어야 하는가?

이 부분은 숫자, 연대, 족보, 일람표 등에 깊은 관심을 보이고 문체는 아주 도식적이어서 읽는 것이 짜증스러울 수도 있는 제 관계 사료에 해당하는 부분으로서 여기 나오는 숫자들이 역사적으로 가능한 것은 아니지만, 신학적으로는 중요한 의미를 전달하고 있다.

1) 제 관계 기자는 인간 창조 시 그리고 홍수 이후 노아에게 '낳고 번성하여 땅을 채우라.'는 하나님의 축복의 말씀을 전해 준다. 이스라엘 백성들이 약속의 땅에 들어가기 전에 이미 이렇게 많은 후손이 불어났음은 하나님의 축복이 빠른 속도로 결실을 맺었음을 숫자를 통해 보여 주고,

2) 약속의 땅의 점유를 앞두고 그 준비의 일환으로 전쟁에 나갈 수 없는 레위 지파를 제외한 각 지파 장정들의 수가 헤아려지는 것은 땅의 점유에 대한 의지표명이며,

3) 12지파에 속한 사람들의 숫자가 정확히 헤아려졌다는 것은 하나님의 백성으로서 이스라엘의 질서와 조직이 잘 정비되었음을 나타내고 있다. 외적 질서가 잡혀 가는 사회에서 이런 인원파악은 아

주 고대로부터 관례적인 것이었다.

민수기 첫 장에서 이미 열두 지파의 숫자까지 정확하게 기록하고 있는데 이는 정말 야곱의 열두 아들들로부터 비롯된 것인가?

성서 저자가 대부분의 고대인들과 함께 나눈 역사적 관점은 세상의 다양한 백성들의 기원이 단 하나의 조상으로부터 직선적으로 퍼지게 되었다는 전제다. 따라서 이스라엘의 열두 지파도 야곱의 열두 아들들로부터 출생을 통해 퍼진 것으로 간주하고 있다. 이 단순한 도식은 지파들의 역사를 친족관계로 설명하려고 한 후대의 족보적 연결에서 나온 것으로 보인다.

어떤 학자는 성조들의 이야기로부터 지파들의 역사가 어떻게 파생되어 나왔는지에 대한 규칙을 제공한다. 남편(아버지)은 한 집단을 대표하고, 아내(어머니)는 더 작은 집단을 대표하며, 결혼은 두 집단의 결합을, 첩은 대등하지 않은 두 집단의 연결을, 한 사람의 죽음은 한 집단의 사라져 버림을, 출생은 새 집단의 출현을, 여행은 그 집단의 이주를 지적했다고 한다.

이스라엘의 열두 지파가 처음에는 각각 독립된 지파로서, 지파별로 점진적으로 가나안 땅에 정착하였고, 나중에 야훼 하나님에 대한 신앙의 바탕 위에서 지파동맹을 통해 이스라엘이라는 한 민족이 되었다고 본다. 그때 지파의 조상들로 여겨지던 족장들이 족보형식으로 연결되어 야곱의 열두 아들들이 되었고, 또 각 지파의 개별적인 체험과 전승들이 전 이스라엘의 체험과 전승으로 확대되어 민족 전승으로 발전했다고 본다.

신명기는 모세의 연설로 되어 있는데, 그렇다면 모세는 무척이나 말을 잘하는 달변가였나?

신명기를 주의 깊게 읽어 보면 시대적으로 모세보다 훨씬 후대의 기록이고 또 거기엔 여러 가지 중복, 단절, 상충 등 문학비평상의 문제점들이 많이 발견된다. 따라서 모세의 연설은 물론, 한 사람의 저자가 단번에 기록한 글일 수는 없고, 오랜 전승사적 성장과정을 거쳐 왔음을 말해 준다. 학자들의 견해로는, 신명기의 법률자료들은 맨 처음 북왕국에서 수집된 자료들이 북왕국의 멸망과 함께(기원전 721년) 남부 예루살렘으로 내려와 히스기야 왕 때 1차 편집을 거쳤으나 히스기야가 죽자 빛을 보지 못하고 예루살렘 성전에 보존되었다가 요시야의 종교개혁 당시 성전 보수 공사 때 발견되어(2열왕 22 - 23, 2역대 34장) 손질된 후(이것을 원 신명기라 부른다), 요시야의 종교개혁을 추진하는 법적 근거를 마련해 주었고 그 뒤 서론(1 - 4장)과 결론(31 - 34장)이 첨가되어 오경에 편입된 것으로 본다. 그러나 편집자는 이것을 오경의 주인공이요, 하나님의 예언자의 전형이며 계약의 중개인 모세의 연설로 소급 적용했다.

그렇다면 신명기 저자는 왜 모세의 연설형식을 빌려 써 놓았을까?

신명기 신학을 요약해 보면, '한 분이신 하나님께서 당신의 호의와 사랑으로 종살이하던 노예의 무리를 뽑아 계약을 맺고 당신 자신의 백성으로 삼으셨다. 그러므로 하나님의 소유가 된 이스라엘은 한 성소에서 하나님만을 예배하며, 모든 이방민족들의 잡신들과 그들의 종교적 풍습을 멀리하며, 하나님이 주신 율법을 성심껏 지켜야 한다. 그리하면 하나님이 주신 약속의 땅에서 하나님의 축복 속에 오래오래 살게 될 것'이라는 것이다.

이런 내용의 설교가 약속의 땅 문턱인 모압 평원에 도착한 이스라엘에게 주어진 것처럼 되어 있으나, 실상 역사적인 청중은 왕조시대의 이스라엘이다. 신명기의 설교가 긴박감을 가지고 한 하나님, 한 백성, 한 성소, 한 율법을 강조하고 있는 것을 보면 이 설교의 역사적 청중인 왕조시대의 이스라엘이 우상숭배, 이교풍습의 수용, 율법준수의 불충실 등으로 계약정신이 흐려져 있었으며 순수한 야훼신앙이 도전과 위협을 받고 있었음을 감지할 수 있다. 원 신명기의 발견과 선포가 요시야의 종교개혁과 관계가 있다면, 직접적으로 역사적인 청중으로 생각할 수 있는 사람들은 성서가 가장 사악한 왕이라고 비판한 므낫세, 아몬 시대를 거쳐 요시야 종교개혁시대의 이스라엘 백성으로 볼 수 있다. 이런 청중들에게 모세의 입을 빌려 계약정신의 갱신과 율법준수를 강조하는 것은 매우 적합하고 의미가 있어 보인다.

1) 모세는 바로 시나이 계약의 중개자요 율법 수여자라는 점.

2) 시나이에서 모압 평원에 이르는 이스라엘 백성은 왕조시대 이스라엘에게는 하나님 백성의 '표준'이요, 현재 자기들의 모습을 비춰 볼 수 있는 거울이었다는 점, 그래서 신명기는 지난날의 역사를 회고하며 '오늘'의 의미를 강조하는 식으로 전개되고 있다.

3) 고별사 형식도 매우 적합한 양식으로 보인다. 구약성서 안에는 이스라엘의 특정한 지도자적 임무를 수행했던 다른 인물들의 고별사들이 나와 있다. 여호수아 23장, 사무엘 상12장, 역대기 상22 – 29장이 그것인데 여기서 여호수아, 사무엘, 다윗은 모두 하나님과 이

스라엘이 맺은 계약관계를 상기시키며 야훼께서 내리신 법규를 잘 지키도록 권고하고 있다. 즉 이러한 고별사들은 항상 새롭게 이해되고 현실화되어야 할 옛 법규들의 지평에서 이루어지고 있습니다. 따라서 신명기 저자는 동시대의 이스라엘인들에게 모세의 고별사 형식을 빌려 계약정신의 갱신과 율법준수의 현실화를 권고하고 있다고 생각된다.

모세는 어떤 인물이었나?

모세에 대해 우리가 가지고 있는 자료는 성서에 나와 있는 이야기뿐이다. 그런데 성서는 모세의 전기를 기록한 것이 아니고, 모세를 통해 드러난 하나님의 뜻을 전하기 위해 쓰였기 때문에 역사적인 모세의 인물을 그려 보는 것은 거의 불가능하다. 그래서 성서를 통해 우리가 관심을 갖는 것은 모세의 인물보다는 모세가 수행한 역할이다.

모세는 하나님의 부르심을 받고 처음으로 '하나님 이름'의 계시를 받은 인물이다. 그는 이집트에서 고통받는 히브리인들을 해방시키시는 하나님의 구원사업에서 하나님의 대리자 역할을 했고, 시나이 산에서 하나님과 맺은 계약의 중개자로서 '이스라엘의 신은 야훼 한 분뿐임.'을 선포함으로써 이스라엘 민족의 유일신교를 확립하는 데 기여를 했다. 또한 십계명, 율법, 제도 등이 모세를 통해 주어짐으로써 이스라엘 부족들을 결속시켜 민족공동체를 형성하는 데 기여를 했으며, 광야 유랑 시 하나님 백성의 지도자 역할을 수행했다. 그래서 모세야말로 가장 탁월한 계시의 중개자, 율법수여자, 전형적인 예언자라는 전승이 생겨나게 되었고, 그 때문에 오경이 모세의 작품이라는 전승도 생겨나게 되었다.

모세가 죽은 후 영도자를 잃은 이스라엘의 운명은 어떻게 되었나?

모세와 이스라엘이 모압 평원에 도착한 후, 모세는 고별연설을 마치고 죽는다. 땅을 주시겠다고 한 하나님의 약속은 아직도 성취되지 않은 상태에 있다. 죽음에 임박한 모세는 여호수아에게 안수를 해 주고 통수권을 맡긴다(34,9). 그런데 여호수아 1장 1절은 "야훼의 종 모세가 죽은 다음이었다."라는 말로 시작함으로써 여호수아서는 새로운 시작이 아니요, 신명기의 계속임을 시사하고 있다. 그리고 이어서 하나님께서는 여호수아에게 말씀하신다. "내 종 모세가 죽었다. 그러니 너는 이제 이 모든 백성을 거느리고 떠나 이 요르단 강을 건너 내가 이스라엘 백성에게 주는 땅으로 들어가거라. 너희 발바닥이 닿기만 하면 어디든지 그곳을 모세에게 약속한 대로 내가 너희에게 주리라…… 네 평생에 아무도 네 앞길을 막지 못할 것이다. 내가 모세의 곁을 떠나지 않았던 것처럼 네 곁을 떠나지 않고 너를 버리지 아니하리라."(1,2 – 5)고 약속하신다. 모세의 죽음으로 하나님의 약속성취가 중단된 것이 아니고 새로운 지도자인 여호수아를 통해 약속된 땅의 점유를 이루어 주신다. 그래서 어떤 학자는 창세기에서 시작된 땅에 대한 약속이 여호수아서에서 비로소 성취되므로, 여호수아서를 포함한 여섯 권의 책을 단일한 문학작품으로 보고 육경(六經)이라 부르기도 한다.

오경은 그다음에 나오는 책들과는 무관한 이야기인가?

그렇지 않다. 앞에서 말한 바와 같이 신명기의 마지막 장에 나오는 모세의 사망기사가 여호수아 1장 1절에 다시 언급되며, 또 여호수아서 24장에 나오는 여호수아의 사망기사가 판관기 1장 1절에 언급되어 구원역사의 연속성을 보여 주고 있다. 또 판관기 후반부에는 '왕이 없으므로'(판관 17,6; 18,1; 21,25) 생긴 무정부상태를 의도적으로 언급하며, 왕정의 필요성과 그 설립을 암시하고 있다. 그래서 이스라엘 왕정의 수립과 그 역사를 다루고 있는 사무엘서 및 열왕기와의 연결을 시도하고 있다. 따라서 창세기에서 시작된 구원의 역사는 열왕기까지 계속 이어지고 있음을 보여 주고 있다. 그래서 어떤 학자는 창세기에서 열왕기까지 이런 연속성이 있음을 지적하며 구경(九經)이라고 부르기도 한다.

모세오경에는 율법들이, 사람들을 가르치고 교훈을 주는 역할을 하는 이야기와 역사서술 사이사이에 배치되어 있다. 이스라엘인들은 이 오경을 '토라'라고 했다. 이 말마디의 어원을 생각해 볼 때 '토라'란 '하나님의 가르침과 계시가 들어 있는 책'이라는 의미이겠다. 그런데 70인 역본 그리스어 성서에서는 이 '토라'를 '법'(노모스)이라 번역했다. 그 영향으로 오늘의 우리도 '모세오경'은 곧 '율법서'로 이해하게 되었다. 이 '율법서'라는 명칭 때문에 아마, '오경 전체가 다 율법으로 되어 있지도 않는데 왜 그런 이름을 갖게 되었을까.' 하고 의문을 가졌던 이들도 있었을 것이다. 오경에서 법률 부분은 매우 중요한 위치를 갖는다. 다른 이야기들도 이 법들을 해설해 주는 역할을 한다고 볼 수도 있다. 오경 안의 모든 법들의 근간이 되는 것은 '십계명'이다. 이 십계명에서 시작되어 이스라엘의 법은 생활환경, 형태 등이 바뀌면서 점차 변화 발전되었다. 특히 '유목생활'로부터 가나안 땅에 정착해 '농경생활'로 생활양식이 바뀌면서는 그들의 규범은 바뀔 수밖에 없었다. 오경의 이야기 배경은 가나안 정착 이전까지지만, 오경을 편집한 후대 저자들은 그들이 지켜야 할 규범들이 근본적으로는 모세를 통해서 하나님으로부터 왔음을 가르쳐 주기 위해 이 문맥들 사이에 삽입시켜 놓았던 것이다.

이 법규(법전)들은 생겨난 연대, 문학적 전승에 따라 크게 다음의 다섯 가지로 구분된다.

1. 십계명

'원율법' 또는 '윤리적 십계'라고도 불리는 십계명이 가장 오래된 법령이다. 엘로힘계 저자에 의해 기록된 출애굽기 20장의 십계명과 신명기계 저자에 의해 기록된 신명기 5장의 십계명이 약간 차이가 있다.

2. 계약법전

'계약의 책'이라고도 불리며 출애굽기 20장 22절부터 23장 33절까지를 말한다.

이스라엘 백성이 가나안 땅에 정착한 직후의 생활양식을 반영하고 있다. 곧 목자와 농부로 구성된 사회를 위한 법으로서 종들은 주인의 독단적 처사에서 보호받고, 궁핍한 사람에게 필수품을 주도록 조처되어 있다. 고리대금과 재판관이나 당국자에 대한 뇌물제공이 명문으로 금지되고 지주들에게는 자기네 땅의 소출을 칠 년마다 모든 이를 위해 내놓을 의무가 부과된다.

3. 신명기법전

신명기 12장-26장에 있는 이 법령들은 원래 북 왕국에서 제정되어 이스라엘이 기원전 721년에 아시리아에게 멸망당한 이후로 남 왕국으로 전해져 요시야 왕(기원전 640-609) 때에 효력을 발생하게 되었다.

4. 성법전

'성화법', '신성법전'이라고도 하는 이 법전은 레위기 17장-26장에 있다. 성법전은 여러 면에서 신명기법전과 유사하나 예식과 사제직을 보다 강조하고 있다는 점이 다르다. 거룩하신 야훼의 백성인 이스라엘 백성은 야훼를 따라 하나님과 이웃에 대해 거룩하게 처신해야 한다는 것이 내용의 골자다.

5. 사제법전

'사제적 법률'이라고도 하며 레위기 1장-16장의 대부분에 해당한다. 성소, 제사, 사제, 정결, 축일 등 주로 전례에 관계된 요소로 이루어져 있으며 이 법들이 의도하는 바는 성소를 중심으로 한편으로는 법을 지키고, 또 한편으로는 하나님께 올바른 예배를 드리는 하나님의 백성다운 생활이다.

Ⅲ.

신앙의 뿌리인 구약성경

1. 구약과 신약의 연결성

1) 그리스도교 신앙의 뿌리로서의 구약성서

그리스도교 초기에 구약성서(히브리 성서)는 신앙의 규범이었다. 초기 그리스도교 공동체의 성서는 구약이었고 신약이 형성되어 가는 과정에서도 교회는 구약을 간과하지 않았다. 구약성서는 예수 그리스도의 삶과 죽음과 부활에 대한 신앙의 뿌리로서의 역할을 수행했다. 신약성서에서 자주 구약성서를 인용하고 있는 사실에서도 구약성서가 그 토대역할을 하고 있다고 볼 수 있다(루가 24,27). 교회의 입장은 구약성서 전체를 받아들이면서 신약을 그 앞이 아닌 뒤에 연결 지었고, 동시에 구약성서를 그리스도교적인 관점에서 해석했다. 신약성서의 저자들은 그리스도교적인 의미가 구약의 유일한 의미인 것처럼 그리스도 사건을 가지고 구약을 읽는 것이 아니라, 그들에게 규범적인 가치를 지닌 성서였던 구약을 가지고 그리스도 사건을 읽는다.

구약이라는 말은 새 계약보다 가치가 덜한 낡은 계약이라는 뜻을 담지 말아야 한다. 또한 유대교에서 이 성서가 독립성을 지니고 있음을 잊지 말아야 할 것이다. 이런 오해 내지는 반유다주의의 가능성을 피하기 위하여 첫 번째 계약이라는 말을 사용하는 것이 좋을 것이다(히 8,7.13. 9,1.15.18). 이 표현은 구약이라는 표현과 연관된 부정적인 의미가 없이 교회의 첫 성서였고 신약보다 먼저 생겨났던 그 성서를 지칭하며 신학적으로 하나님께서 당신 맏아들 이스라엘과 맺으신 계약을 가리키는 동시에 그것이 두 번째 계약을 향한 것임을 뜻한다.

구약이 신약을 통해서만 의미를 지니는 것으로 본다면 구약에서 그리스도와 직접 관련이 없는 부분들은 모두 무의미한 것이 되고 말 것이다. 이러한 해석 방법에는 세 가지 유형이 있다.

첫째, 대립-구약은 세상적인 행복이나 율법 준수를 통한 구원을 말하는 것으로서 신약에 대립된다.

둘째, 상대화-구약의 역할은 그리스도 사건의 예표로써 신약을 준비하는 것으로 끝난다.

셋째, 선택-구약은 그리스도론의 관점에서 해석되어야 하고 그럴 수 없는 것은 역사적인 제한성의 산물이다.

이를 비판하자면, 구약성서의 자기 이해에 전혀 부합되지 않고, 구약 자체의 복합성을 고려하지 않으며, 신학적인 측면에서의 반유다주의를 가져오게 된다.

하나님의 선택과 구원의 약속은 취소되지 않는다는 것이며 그리스도교가 유대교의 토대에서 생겨났고 결코 외부적인 것이 아님을 인식할 필요가 있다. 성서는 하나의 책이면서 또한 책들을 모아 놓은 것이다. 구약성서이든 신약성서이든, 그 단일성은 유대교 또는 그리스도교의 경전이라는 역할 측면에서 말할 수 있는 것이지 그 자체로서 어떤 구조적인 단일성을 지니는 것은 아니다. 성서 안에서 서로 모순되거나 아니면 적어도 서로 다른 면들이 보이는 것은 이 때문이다. 역사비평에서는 이중 본문, 모순, 의미나 문체상의 상이점 등을 연구의 출발점으로 삼지만, 그렇다고 해서 성서의 편집자들이 이런 차이점들을 몰랐다고 생각해서는 안 된다. 오히려, 이러한 차이점들은 신학적인 관점에서 보존된 것이라고 할 수 있고, 동일한 하나님을 향해 가는 서로 다른 목소리들의 대화가 우리의 경전이 된 것이라고 할 수 있다. 하나의 목소리가 아니라 여러 목소리로 이루어진 성서 내적인 대화가 하나의 책 안에 담겨 있는 것이다. 신약이나 구약 자체 안에서도 단일성이 있는 아니라 연관성이 있는 것이라는 점이다.

본문 자체 안에 존재하는 상이성들로 인하여, 성서 정경의 해석은 저자 중심보다 독자 중심의 해석학을 따르게 된다. 곧 신앙 공동체에서의 해석을 지향하고 있다고 말할 수 있다. 곧 역사 비평에서 mens auctoris를 중시했다면, 정경 비판에서는 mens sacrae scripturae를 향한다. 신구약은 하나의 성서에 속하면서, 한 분이시고 유일하신 하나님을 여러 목소리로 증거하고 있다. 이들은 합창처럼 하나로 어울려질 때에 하나님의 말씀이 되는 것이다.

2) 히브리 성서의 구조

히브리 성서를 가리키는 타낙이라는 말 자체가 토라(율법), 느비임(예언서), 크투빔(성문서)을 지칭한다.

TaNaK
율법
토라(hd'AT)
맺음말, 신명 34,9 - 12
창세, 탈출, 레위,
민수, 신명

예언서
느비임(~yaiybin>)
말라 3,22 - 24
여호
판관
1 / 2 사무
1 / 2 열왕
기원후 8세기부터 전기 예언자들(여호 - 2열왕)과 후기 예언자들(이사 - 말라)을 구분한다.
이사, 예레, 에스

대예언자 3명은 성조 아브라함, 이삭, 야곱에 비유된다.

호세, 요엘, 아모, 오바,

요나, 미가, 나훔, 하박,

스바, 학개, 스가, 말라

열두 소예언자들은 야곱의 열두 아들에 비유된다.

성문서

크투빔(～ybiWtK.)

2역대 36,22 – 23

시편, 욥기, 잠언

룻기

아가

코헬(전도서)

애가

에스

기원후 6세기부터 다섯 두루마리(축제오경)

추수절

파스카

초막절

성전 파괴

부림

다니엘

에스라 / 느헤미야

1 / 2 역대

모세오경, 예언서, 성문서의 순서는 이들이 정경이 된 순서를 보여 준다. 또한 예언서들과 성문서들의 목차 순서는 이 책들이 작성된 순서를 반영하고자 한 것으로 생각된다(기원전 165년경 쓰인 예언서인 다니엘이 성문서에 속하는 것은 그만큼 후대에 속하기 때문이다). 이 세 부분들은, 유대교 안에서 경전으로서의 중요성에 있어서도 서로 차이가 있다. 모세오경은 다른 모든 성서의 기초가 되고, 안식일에 이를 계속 읽는다. 예언서들은 율법에 대한 주석으로 여겨지며, 부분적으로 독서에 사용된다. 성문서는 전례에서 핵심적인 역할을 차지하지 않지만 축제오경과 시편은 전례에 사용된다.

　모세오경, 예언서, 성문서의 개념은 집회서의 머리글에 따르면 "율법과 예언서와 그 뒤를 이은 다른 글들을 통하여 위대한 가르침들이 우리에게 많이 전해졌습니다. 그런즉 이스라엘을 그 교훈과 지혜와 관련하여 칭송하는 것은 마땅합니다. 이 글을 읽는 사람들은 스스로 그것들을 이해할 뿐만 아니라, 배우기를 즐기며, 말과 글을 통하여 다른 사람들에게도 도움을 줄 수 있어야 합니다. 나의 할아버지 예수(시라의 아들)께서는 율법과 예언서와 다른 선조들의 글을 읽는 일에 오랫동안 전념하셨습니다."로 되어 있어, 경전이 확립되기 이전인 기원전 200년에도 이미 있었던 것으로 보인다.

　신명 34,9-12는 전체 모세오경의 마지막 텍스트이다.

　"모세가 눈의 아들 여호수아에게 안수하였으므로, 여호수아는 지혜의 영으로 가득 찼다. 이스라엘 자손들은 그의 말을 들으며, 주님께서 모세에게 명령하신 대로 실천하였다. 이스라엘에는 모세와 같은 예언자가 다시는 일어나지 않았다. 그는 주님께서 얼굴을 마주

보고 사귀시던 사람이다. 주님께서 그를 보내시어, 이집트 땅에서 파라오와 그의 모든 신하와 온 나라에 일으키게 하신 그 모든 표징과 기적을 보아서도 그러하고, 모세가 온 이스라엘이 보는 앞에서 이룬 그 모든 위업과 그 모든 놀라운 대업을 보아서도 그러하다."

여기서 율법서인 모세오경은 비교 불가능한, 영원히 통용되는 계시로 표현되고 있으며 모세는 예언자이며(신명 18,18: 34,10) 율법의 해석자로서 역할을 수행한다. 따라서 출애굽 체험은 비교할 수 없는 차원으로 받아들여져서, 모든 구원사건들을 뒷받침하는 배경과 원천이 된다.

모세오경의 마지막 부분인 신명 34,9 "주님께서 모세에게 명령하신 대로 실천하였다."에서는 예언자 모세에 대해 말하고, 전기 예언서의 시작인 여호 1,7-8 "오직 너는 더욱더 힘과 용기를 내어, 나의 종 모세가 너에게 명령한 모든 율법을 명심하여 실천하고, 오른쪽으로도 왼쪽으로도 벗어나서는 안 된다. 그러면 네가 어디를 가든지 성공할 것이다. 이 율법서의 말씀이 네 입에서 떠나지 않도록 그것을 밤낮으로 되뇌어, 거기에 쓰인 것을 모두 명심하여 실천해야 한다. 그러면 네 길이 번창하고 네가 성공할 것이다."에서는 율법 준수에 대해 말한다.

말라기 3,22-24는 모든 예언서들의 결말이다.

"너희는 나의 종 모세의 율법, 내가 호렙에서 온 이스라엘을 위하여 모세에게 내린 규정과 법규들을 기억하여라. 보라, 주님의 크고 두려운 날이 오기 전에 내가 너희에게 엘리야 예언자를 보내리라. 그가 부모의 마음을 자녀에게 돌리고 자녀의 마음을 부모에게 돌리리라. 그래야 내가 와서 이 땅을 파멸로 내리치지 않으리라."

이에 따르면 예언서들을 읽는 것은 모세의 율법을 기억하기 위한 것이다. 경전적인 해석에 따르면, 예언은 율법을 실체화하기 위한 거룩한 선물로 기억된다. 예언자들이 율법을 해석하는 데 있어서 하나님과 이스라엘과의 관계가 중시된다. 모세의 율법은 '야훼의 날'을 바라보는 종말론적 시간 개념과 관련하여 예언을 부각시킨다.

예언서의 마지막 부분인 말라 3,22 "너희는 나의 종 모세의 율법, 내가 호렙에서 온 이스라엘을 위하여 모세에게 내린 규정과 법규들을 기억하여라."와 성문서 시작인 시편 1,1 – 3.6 "행복하여라! 악인들의 뜻에 따라 걷지 않고 죄인들의 길에 들지 않으며 오만한 자들의 자리에 앉지 않는 사람, 오히려 주님의 가르침을 좋아하고 그분의 가르침(율법)을 밤낮으로 되새기는 사람. 그는 시냇가에 심겨 제때에 열매를 내며 잎이 시들지 않는 나무와 같아 하는 일마다 잘되리라…… 의인들의 길은 주님께서 알고 계시고 악인들의 길은 멸망에 이르기 때문일세."에서도 율법에 대해 말한다. 곧 율법은 예언서들을 통하여 해석되며, 이스라엘 전체를 위한 약속(여호 1,7 – 8)이 되는 동시에 각 개인을 위한 약속이 된다(시편 1). 따라서 율법을 배우고 실천해야 하는 것이다.

예언서 마지막인 말라 3,13 – 21.22 – 24는 시편 1 – 2와 연결되면서 악인과 의인의 대립과 더불어 주님의 심판을 말하는데, 거기에서 구원은 율법을 통해 이루어지는 것이다.

말라 3,14 – 15 "너희는 이렇게 말하였다. '하나님을 섬기는 것은 헛된 일이다. 만군의 주님의 명령을 지킨다고, 그분 앞에서 슬프게

걷는다고 무슨 이득이 있느냐? 오히려 이제 우리는 거만한 자들이 행복하다고 말해야 한다. 악을 저지르는 자들이 번성하고 하나님을 시험하고도 화를 입지 않는다.'"

말라 3,17-21 "그들은 나의 것이 되리라. - 만군의 주님께서 말씀하신다. - 내가 나서는 날에 그들은 나의 소유가 되리라. 부모가 자기들을 섬기는 자식을 아끼듯 나도 그들을 아끼리라. 그러면 너희는 다시 의인과 악인을 가리고 하나님을 섬기는 이와 섬기지 않는 자를 가릴 수 있으리라. 보라, 화덕처럼 불붙는 날이 온다. 거만한 자들과 악을 저지르는 자들은 모두 검불이 되리니 다가오는 그날이 그들을 불살라 버리리라. - 만군의 주님께서 말씀하신다. - 그날은 그들에게 뿌리도 가지도 남겨 두지 않으리라. 그러나 나의 이름을 경외하는 너희에게는 의로움의 태양이 날개에 치유를 싣고 떠오르리니 너희는 외양간의 송아지들처럼 나와서 뛰놀리라. 그리고 너희는 악인들을 짓밟으리라. 내가 나서는 날에 그들은 너희 발바닥 밑의 재가 되리라. - 만군의 주님께서 말씀하신다."

시편 1,1-6 "행복하여라……의인들의 길은 주님께서 알고 계시고 악인들의 길은 멸망에 이르기 때문일세."

시편 2,1-12 "어찌하여 민족들이 술렁거리며 겨레들이 헛일을 꾸미는가? 주님을 거슬러, 그분의 기름 부음 받은 이를 거슬러 세상의 임금들이 들고 일어나며 군주들이 함께 음모를 꾸미는구나……자, 이제 임금들아, 깨달아라. 세상의 통치자들아, 징계를 받아들여라. 경외하며 주님을 섬기고 떨며 그분의 발에 입 맞추어라. 그러지 않으면 그분께서 노하시어 너희가 도중에 멸망하리니 자칫하면 그분의 진노가 타오르기 때문이다. 행복하여라, 그분께 피신하는 이들 모두!"

후기 예언서 시작인 이사 1 - 2와 성문서의 시작인 시편 1 - 2를 비교하면, 율법이 이스라엘(1)뿐 아니라, 다른 민족들(2)에게도 적용되고 있는 사실을 알 수 있다.

이사 1 "하늘아, 들어라! 땅아, 귀를 기울여라! - 주님께서 말씀하신다. - 내가 아들들을 기르고 키웠더니 그들은 도리어 나를 거역하였다. 소도 제 임자를 알고 나귀도 제 주인이 놓아 준 구유를 알건만 이스라엘은 알지 못하고 나의 백성은 깨닫지 못하는구나."

소돔과 고모라와 같은 백성, 거짓 경신례와 참된 경신례, 예루살렘의 죄상, 심판. 이사 1,27 - 28 "시온은 공정으로 구원을 받고 그곳의 회개한 이들은 정의로 구원을 받으리라. 그러나 반역자들과 죄인들은 다 함께 파멸하고 주님을 버린 자들은 멸망하리라."

이사 2,2 - 4 "세월이 흐른 뒤에 이러한 일이 이루어지리라. 주님의 집이 서 있는 산은 모든 산들 위에 굳게 세워지고 언덕들보다 높이 솟아오르리라. 모든 민족들이 그리로 밀려들고 수많은 백성들이 모여 오면서 말하리라. 자, 주님의 산으로 올라가자. 야곱의 하나님 집으로! 그러면 그분께서 당신의 길을 우리에게 가르치시어 우리가 그분의 길을 걷게 되리라. 이는 시온에서 가르침이 나오고 예루살렘에서 주님의 말씀이 나오기 때문이다. 그분께서 민족들 사이에 재판관이 되시고 수많은 백성들 사이에 심판관이 되시리라. 그러면 그들은 칼을 쳐서 보습을 만들고 창을 쳐서 낫을 만들리라. 한 민족이 다른 민족을 거슬러 칼을 쳐들지도 않고 다시는 전쟁을 배워 익히지도 않으리라."

2역대 36,22-23은 마지막 전체성서의 결론이다.

"페르시아 임금 키루스 제일년이었다. 주님께서는 예레미야의 입을 통하여 하신 말씀을 이루시려고, 페르시아 임금 키루스의 마음을 움직이셨다. 그리하여 키루스는 온 나라에 어명을 내리고 칙서도 반포하였다. 페르시아 임금 키루스는 이렇게 선포한다. 주 하늘의 하나님께서 세상의 모든 나라를 나에게 주셨다. 그리고 유다의 예루살렘에 당신을 위한 집을 지을 임무를 나에게 맡기셨다. 나는 너희 가운데 그분 백성에 속한 이들에게는 누구나 주 그들의 하나님께서 함께 계시기를 빈다. 그들을 올라가게 하여라."

이스라엘은 유배의 시련에도 불구하고 이미 하나님 백성들의 파국적인 위기가 기적적으로 끝났다는 것을 확신한다. 왜냐하면 야훼 하나님은 계약의 신의를 지키고 당신을 하나님으로 받아들이지 않는 세속의 지배자들까지도 당신의 구원역사에서의 계획을 실현시키도록 만들기 때문이다. 이스라엘이 가진 희망의 근거는 이스라엘 백성과 하나님이 맺은 영원한 계약에 의거한다. "나는 너희 가운데 그분 백성에 속한 이들에게는 누구나 주 그들의 하나님께서 함께 계시기를 빈다."라는 표현은 소위 계약의 정식을 암시한다(레위 26,44 이하). 마지막 말씀, "그들을 올라가게 하여라."는 에스 1,3에서는 예루살렘이라는 장소가 명시되어 있다. 동사 '위로 오르다(hl[)'는 전통적으로 파라오가 지배하는 이집트로부터 탈출을 표현한 동사이다. 하나님은 당신이 해방의 하나님이라는 것을 이스라엘에 증명하려고 한다. 동시 예루살렘, 곧 약속의 땅이 야훼가 백성에게 준 거룩한 약속의 선물이라는 것을 확인한다.

3) 그리스도교 경전의 형성

400년경에 서방 교회에서는 제2경전을 포함하는 LXX와 같은 더 많은 책들을 경전으로 보기 시작했고, 동방 교회에서는 7세기에 이를 받아들였다. 종교개혁 이후에 개신교에서는 히브리 성서를 따랐고, 반면 1546년 트렌트 공의회에서는 제2경전을 경전으로 보았다 (그러나 므낫세의 기도와 3 / 4 에즈라는 포함시키지 않음). 동방교회에서는 1672년에 토빗기, 유딧기, 집회서, 지혜서를 받아들였다. 아직까지도 경전 문제에서는 서로 차이들이 있으며, 그리스도교에서 경전의 범위를 이렇게 결정하게 된 이유도 완전히 분명한 것은 아니다.

희랍어 70인(LXX) 역본(토빗기, 유딧기, 1마카, 2마카, 지혜서, 집회서, 바룩, ①로 표시된 에스테르기 일부, 다니엘 13 – 14가 첨가: 제2경전)에서는 히브리 성서처럼 맨 앞에 모세오경이 온다. 곧 하나님이 시나이 산에서 이스라엘 앞에서 하신 '첫 – 계시'에 대한 이야기이다. 그다음으로 과거 – 현재 – 미래의 역사라는 신학적인 도해에 따라 '이스라엘의 역사' – '삶의 지혜' – '예언' 세 부분이 뒤따른다.

희랍어 성서에서는 문학 장르에 따라 비슷한 책들을 하나로 묶기 때문에 구분이 TaNaK에서와 다르게 나타난다.

성문서에 속하던 일부 책들이, 다루는 내용에 따라 역사서와 함께 분류되어 시대순으로 배열되었다(룻기, 1/2역대, 에즈, 느헤, 토빗, 유딧, 에스(①로 표시된 에스테르기 일부), 1/2 마카).

나머지 성문서에 지혜서와 집회서 순으로 추가되고, 욥기가 시편보다 앞에 배치되었다. 욥기가 모세에 의해 편집되었다는 전승에 따라 다윗의 시편보다 고대의 것으로 생각되었고, 신학적으로 탄원(욥)이 찬미(시편)보다 먼저 오는 것이 옳다고 생각되었기 때문이었다.

후기 예언서들이 마지막에 배열되고, 다시 성문서의 일부가 이들 사이로 들어와 시대 순으로 자리를 찾게 되었다(애가, 바룩, 다니엘(다니 13 – 14)).

① 초기 그리스도교 신학자들은, 그리스도론적인 해석을 가능하게 해 주는 희랍어 번역본을 선호했을 것이다. 신약성서가 구약성서를 인용할 때에 때로 70인역 희랍어 번역을 이용한다는 사실도 이러한 경향에 한몫을 했을 것이다.

② 히브리어 성서보다 더 후대의 책들을 경전으로 받아들임으로써, 신약성서와의 연속성을 강조할 수 있었을 것이다.

③ 토빗기, 집회서, 지혜서 등 교육적으로 높은 가치를 지닌 책들은, 유대교에서도 개종자들을 가르치는 데에 사용되었던 것으로 보인다. 이러한 가치 때문에 그리스도교에서 경전으로 받아들여졌을 수 있다.

(1) 구약의 네 부분

가톨릭에서는 특히 전례 때에 희랍어 또는 라틴어 성서의 구분을 따라갔다. 그러나 오늘날, 그리스도교의 경전으로 간주되는 것은 원래의 히브리어 성서이다.

구약성서

모세오경

창세, 탈출, 레위, 민수, 신명

역사서

여호, 판관, 룻기, 1 / 2 사무, 1 / 2 열왕, 1 / 2 역대, 에즈, 느헤, 토빗, 유딧, 에스(①로 표시된 에스테르기 일부), 1 / 2 마카

지혜문학

욥기, 시편, 잠언, 코헬, 아가, 지혜, 집회

예언서

이사, 예레, 애가, 바룩, 에제, 다니(다니 13 - 14),

호세, 요엘, 아모, 오바, 요나, 미가, 나훔, 하박, 스바, 학개, 스가, 말라

(2) 신약과의 연관성

신약성서에서 율법과 예언서(마태 5,17) 또는 모세와 예언자들(루가 16,29)이라는 말로 구약성서 전체를 지칭할 수 있는 것은 위와

같은 구조 때문이다. 율법이 우선적인 위치를 차지한다는 점은 변함이 없다. 한마디로 말하면 후대에 형성되었던 성문서들이 율법과 예언서의 체제 속으로 융합되어 들어간 과정이라고 할 수 있으며, 이것은 단순히 번역본에서의 편집 문제가 아니라 유대교 자체 안에서 이루어진 발전 과정이었다. 위의 체계를 다음과 같이 해석할 수 있을 것이다.

모세오경

창세 – 신명

시나이에서의 계시

토라

Ⅱ 역사서

Ⅲ 지혜문학

Ⅳ 예언서

여호 – 2마카

욥기 – 집회

이사 – 말라

이스라엘의 역사

삶의 지혜

예언

과거

현재

미래

창세 – 신명기는 시나이에서 계시된 율법과 그것의 두 가지 쟁점인 '하나님 사랑과 관련된 율법' - '이웃 사랑과 관련된 율법'(마카 12,28 - 34)이 창조에서 가장 기본이 되는 것이며 이 원리가 이스라엘을 거쳐 모든 백성들에게 전해지는 하나님의 원초적 계시라는 것을 분명히 밝히고 있다. 율법, 특히 십계명은 하나님 나라를 알리고, 창세 - 신명기에서 기술된 시나이 광야에서 인간의 권리가 구원역사에 적합하게, 땅을 받기 전에 주어진 것이라는 사실을 함축하고 있다. 따라서 십계명은 이스라엘뿐만 아니라, 모든 백성들에게 삶의 계율이어야 한다. 모든 그리스도교인들에게도 예수를 따르려면 이 율법을 실현해야 한다(마태 5,17 - 20의 지평에서 마태 22,34 - 39).

두 번째 부분(여호 - 2마카)은 율법과 함께 살아가야 할 공동체가 어떤 것인지 이스라엘의 예를 통해 생명과 죽음의 길을 보여 준다. 이는 그리스도교인들이 이스라엘 독자적 역사가 아니라 구원과 관련된 공통된 하나님과 인간의 역사로 체험할 것을 제시하는 역사이다.

세 번째 부분(욥기 - 집회)은 지혜 문학과 함께 개별 구성원들이 추구해야 할 구원의 지혜를 제시하고 초대하고 있다.

네 번째 부분(이사 - 말라)은 백성들이 위대한 야훼 하나님의 평화와 율법을 배우기 위해(이사 2,1 - 5) 예언서 안에서 모든 세상에 약속된 근원적인 혁신과 재건에 참여하기 위해 시온으로 향하는 순례의 여정 속에서 세상과 역사의 완성에 대한 비전을 보여 준다.

여기서 예언적이며 종말론적인 역동성을 포함하고 있으며, 다른 한편, 신약에서 증명되는 종말론적인 야훼 하나님의 행위는 예수 그리스도를 통해, 예수 그리스도와 함께, 예수 그리스도안에서 결정적인 행위로 이해되며 그리스도교 성서 안에서 이 예언은 신약을 향해 정향 되어 미래를 향해 개방되어 있다. Von Rad의 언급처럼, 구약성서는 구원의 역사이다. 그것은 세상의 창조에서부터 하나님의 아들이 나오기까지 하나님의 말씀에 의해 이루어진 구원역사를 서술한다. 예언서도 역사라는 사실을 강조하는 것이 지나치지 않을 것이다. 예언서들의 가르침은 다른 것을 전달하려는 것이 아니라, 종말론적인 사건들을 미리 제시한다는 점에서 그렇다. 우리는 이스라엘의 신앙 조상들이 어떻게 하나님의 말씀에 부름을 받았고 어떤 여정을 걸어왔으며 위대한 메시아의 약속과 하나님의 백성이 어떻게 실현되는지를 파악할 수 있기 때문이다.

모세오경

복음서

과거

현재

미래

역사서

지혜문학

예언서

사도행전

서간

요한묵시록

성서의 시작과 끝(창세 1 - 3; 묵시 21 - 22)은 구원을 향한 보편적인 전망을 언급하고 있다. 창조에서 시작하여 죄로 인한 죽음이 세상에 들어오는 것과는 달리, 다시는 죽음이 없고 다시는 울부짖음도 괴로움도 없는(묵시 21,4) 새 하늘과 새 땅, 새 예루살렘에 대해 언급하고 있기 때문이다. 여기에는 공통된 어휘들이 나타난다(하늘, 땅, 바다, 해, 달, 빛, 생명나무, 생명나무의 열매).

말라 3,22 – 24는 신약으로 넘어가는 고리가 되며 신약에서 여러 번 인용된다(마태 17,10 – 13; 마르 9,17 – 18; 루가 1,17). 이렇게 해서, 한편으로는 신약이 구약을 통해 정경으로서 정당화되며 다른 한편으로 구약이 예수 그리스도를 통하여 이루어진 구원을 지향하게 된다.

한마디로 말해서, 구약은 하나의 성서를 이루는 첫 번째 부분이며 신구약성서 전체가 하나님의 달씀으로 이루어지는 인간과 세상의 구원의 역사를 담고 있는 것이다.

4) 모세오경의 전체 구성

모세오경에서 창세기를 제외한 출애굽기에서 신명기까지의 주요 인물은 모세이다. 이 안에는 모세의 출생(출애 2)에서 죽음(신명 34)에 이르는 그의 전기가 광대하게 펼쳐지고 있다. 이런 관점에서 볼 때, 창세기는 광의적 의미에서 모세의 신앙선조들에 관한 이야기라고 정의할 수 있다(창세 6,14 – 25. "너희는 너희 둘레에 있는 민족들의 신들 가운데 그 어떤 신도 따라가서는 안 된다. 네 가운데에 계시는 주 너의 하나님께서 질투하시는 하나님이시기 때문이다. 주 너의 하나님의 진노가 너를 거슬러 타올라, 너를 저 땅에서 멸망시키시는 일이 없도록 하여라. 너희가 마싸에서 주 너희 하나님을 시험한 것처럼, 그분을 시험해서는 안 된다. 너희는 주 너희 하나님의 계명과, 그분께서 너희에게 명하신 법령들과 규정들을 잘 지켜야 한다. 너는 주님의 눈에 올바르고 좋은 일을 해야 한다. 그래야 네가 잘 될 것이고, 주 너의 하나님께서 너의 조상들에게 맹세하신 저 좋은 땅에 들어가, 그것을 차지할 것이다. 또한 주님께서는 약속하신 대로 너의 모든 원수를 네 앞에서 쫓아내실 것이다. 뒷날, 너의 아들이 너에게, 주 우리 하나님께서 부모님께 명하신 법령들과 규정들과 법규들이 왜 있습니까? 하고 묻거든, 너는 너의 아들에게 이렇게 말해 주어야 한다. 우리는 이집트에서 파라오의 종이었다. 그러나 주님께서는 강한 손으로 우리를 이집트에서 이끌어 내셨다. 주님께서는 우리가 보는 앞에서 이집트, 곧 파라오와 그의 집안에 크고 무서운 징표들과 기적들을 내리셨다. 그리고 그 곳에서 우리를 이끌어 내셨다. 우리 조상들에게 맹세하신 땅으로 우리를 데려다가, 그 땅을 우리에게 주시려는 것이었다. 그런 다음에 우리가 늘 잘 되고 오늘 이처럼 우리를 살게 해 주시려고, 주님께서는 이 모든 규정을 실천하고 주 우리 하나님을 경외하라고 우리에게 명령하셨다. 주 우리 하나님께서 명령하신 대로, 그분 앞에서 이 모든 계명을 명심하여 실천하면, 우리가 의로워질 것이다."). 이런 점에서 오경을 '모세오경(율법)'이라고 부르는 것이다. 또한 신학적으로 모세오경은 유목민이었던 이스라엘이 도착해야 할 목적지, 곧 약속의 땅을 향한 여정을 하나님과의 신앙의 관계 안에서 제시하고 있다. 이 여정은 아브라함의 부르심으로 시작해서 고난과 갈등의 여정을 통해 모세가 축복받은 약속의 땅을 앞에 두고 미래로 개방된 결말로 끝을 맺고 있다.

약속의 땅은 창세 1－11장을 제외한 모세오경 전체의 시작과 끝을 마무리하는 주제어로서 아브라함과 모세라는 두 주요 인물들과 연관되어 신학적 의미를 내포하고 있다.

창세 12,1.7: "주님께서 아브람에게 말씀하셨다. 네 고향과 친족과 아버지의 집을 떠나, 내가 너에게 보여줄 땅으로 가거라. 주님께서 아브람에게 나타나셔서 말씀하셨다. 내가 이 땅을 너의 후손에게 주겠다."

신명 34,1.4 "모세가 모압 평야에서 예리코 맞은쪽에 있는 너보산 피스가 꼭대기에 올라가자, 주님께서 그에게 온 땅을 보여 주셨다……그리고 주님께서 그에게 말씀하셨다. 저것이 내가 아브라함과 이삭과 야곱에게, '너의 후손에게 저 땅을 주겠다.' 하고 맹세한 땅이다. 이렇게 네 눈으로 저 땅을 바라보게는 해 주지만, 네가 그곳으로 건너가지는 못한다."

약속의 땅은 신앙선조들과의 계약이며 창세－신명까지의 신학적 내용들을 관통하는 핵심 주제이다(창세 12,7: 13,15.17: 15,7.18: 17,8: 24,7: 28,4.13: 35,12: 48,4: 50,24; 출애 13,5.11: 32,13: 33,1; 레위 18,3: 19,23: 20,24: 23,10: 25,2.38; 민수 11,12: 14,16.23: 32,22; 신명 1,8.35: 6,10.18.23: 7,13: 8,1: 10,11: 11,9.21: 19,8: 26,3.15: 28,11: 30,20: 31,7.20: 34,4).

이런 관점에서 모세오경은 약속의 땅이라는 주제 아래 다음과 같은 스케마로 전개되고 있다고 보인다.

세상의 창조와 약속의 땅(창세기) ⇨ 이집트에서 광야를 거쳐 시나이 산으로의 여정(출애굽기) ⇨ 시나이 산에서의 체류(레위기) ⇨ 시나이 산에서 광야를 거쳐 모압 평야로의 여정(민수기) ⇨ 약속의 땅을 앞에 두고 약속의 땅에서 지켜야 할 율법규정선포(신명기)

창세기와 신명기는 외적 테두리를, 출애굽기와 민수기는 내적인 테두리를 형성한다. 핵심에는 레위기가 위치하고 있고 율법이 전수된 시나이는 일종의 분수령의 역할을 하고 있다.

레위기가 구성의 중심에서 거룩한 백성으로서의 이스라엘에 관해 이야기를 하고 그 근거를 제시한다. 이스라엘의 중심에는 거룩한 야훼 하나님이 현존하며 영향력을 미친다(레위 19).

구약성경은 이처럼 하나님과의 관계성을 정립하는 경전이고 이 경전을 통하여 신약에 와서 예수님의 역사성이 증명되는 것이다. 예수님께서 십자가에 달려 돌아가실 때 "다 이루었도다." 하는 것은 구약성경에서 오시리라고 한 메시아가 온 것을 의미하고 성경대로 모든 것을 다 이루었다는 의미를 표현한 것이다. 그러므로 구약이 없이는 신약이 존재할 수가 없는 것이다. 집으로 표현하면 기초돌인 것이다. 기초가 되는 것이 바로 구약이기 때문이다. 어려운 용어와 이름들이 있을지라도 구약을 제대로 이해하고 있어야 할 것이다. 그래야만이 성경의 전반적인 의미를 파악하게 되기 때문이다.

• 저자 •

한만봉　　•약 력•

1994. U.S.A. Midwest University(M. Div)
2002. 고려대학교(교육정책학 석사 – 수석장학생)
2005. 성균관대학교 대학원 박사Cand(교육행정학 전공)

1991. 한국세무신문사 전문취재부 기자
1995. 한국어린이선교원신학교 캠퍼스 분교장
2001. 대한예수교장로회 목사(개혁보수)
2002. 고려교육정책학회 상임회장(학진 학회검색가능)
2002. 몬테소리학회 상임회장(학진 학회검색가능)
2002. 고구려대학교 설립추진위원회 법인이사
2003. 한주신학 학술원 설립이사(신학원 교수)
2003. U.S.A. Glenford University 교육학과 교수 역임
2004. U.S.A. Cohen University 정책학과 외래교수
2004. 한국복지상담학술재단 이사 겸 홍보처장
2005. U.S.A. Holy People University Campus 유학담당 지도교수
2005. PHILIPPINE PRESBYTERIAN THEOLOGICAL COLLEGE 객원교수
2005. 혜전대학 adjunct professor 역임
2008. 혜전대학 초빙교수
2008. 지방분권신문사 사장(대표이사)

•주요논저•

「우리나라의 복지행정제도에 관한 고찰 연구」(1988)
「Kal Barth의 신관 연구」(1988)
「한국 민중문화와 민중신학 연구」(1992)
「Rein hold Niebuhr & Marx에 대한 상관관계 연구」(1993)
「A CHRONOLOGICAL HARMONY OF THE RESURRECTION
　APPEARANCES OF JESUS THE MESSIAH」(1994)
「북한종교의 변화 전망 연구」(2002)
「교육위원회와 지방의회 간의 갈등 현상에 관한 연구」(2001)
「조선조 과거시험 방식의 정책적 분석」(공동, 2005)
「조선의 과거제도에 대한 정책적 연구」(공동, 2005)
「조선왕조 과거제도 인사정책 연구」(공동, 2005)
「조선왕조 과거시험주기 정책적 주장 분석연구」(공동, 2005)
「조선왕조 과거제도가 현대 정책에 주는 의미」(공동, 2005)
「과거제도 시험주기의 정책 분석연구」(공동, 2005)
「북한 종교지형 변천 정책 분석연구」(공동, 2005)

『대학생활영어』(공저)　　　『모세오경의 교육론』(공저)
『행정경제교육』(저술)　　　『행정정책기획론』(저술)
『의원학』(저술)　　　　　　『국회의원학』(저술)
『교육정책학-상』(저술)　　『교육정책학-하』(저술)
『산학협동교육학』(저술)　　『현대교육학실기론』(저술)
『현대환경행정론』(공저)　　『행정사무관리론』(공저)
『영재교육심리』(저술)　　　『인사행정학』(저술)
『행정복지론』(저술)　　　　『조직신학』(공저)
『아다르마 성공비법』(저술)　『동양환경행정』(저술)
『교육학과 비서행정』(저술)　『7만교인 교육론』(저술)
『지방자치발전론』(저술)　　『CEO 지도자론』(공저)
『NGO 행정론』(공저)　　　『경영행정학』(저술)
『직업과 경제』(저술)　　　『실기교육방법론』(저술)
『전산실무』(저술)　　　　　『사회복지행정론』(저술)
『행정학』(저술)　　　　　　『대박 마케팅』(공저)
외 다수

•연락처•

doctor@skku.edu　　010－4432－8561　　041－633－8561, 633－5741, 631－2094

· 저자 ·

김두흠   ·약 력·

대불대학교 사회복지학과 졸업
개신대학원대학교 졸업
U.S.A. Bethany 신학대학원 종교교육학 석사
U.S.A. California(I.T.S.C) 목회학박사
U.S.A. Shepherd University 박사과정(Th.D Cand)

주월 한국군 태권도 교관단 교오간 육군 만기전역
국립무도경찰관(서대문경찰서 외) 15년 근무
한국주택은행 안전관리실 3년 근무
한국어린이선교원신학교 교수
Holy People University General Education
In The Field of Education Church Professor
바울선교신학연구원 교무처장 및 교수
한국국제 기아대책기구 전주지역 이사
법무부 보호관찰위원(목회자 협의회)
지방분권신문사 전남북 총괄 지국장
대한예수교장로회(합동측) 전주 새힘교회 위임목사
한민대학교 평생교육원(교수)

·주요논저·

『사회복지행정론』(공저)
『대박 마케팅』(공저)
『모세오경의 교육론』(공저)
외 다수

· 저자 ·

김덕성 **·약 력·**
세계선교부흥사협의회 사무장 역임
평안교회 담임목사 역임
고구려대학교 설립추진위 공동대표이사
한국어린이선교원신학교 특강 교수 역임
대한신학대학원대학교 교수 역임
Holy People University 교수 역임
사회복지법인 설립 및 운영
국가정치사회발전위원회 자문위원
지방분권신문사 경기 지국장

·주요논저·

『모세오경의 교육론』(공저)
외 다수

모세오경의 교육론
Education of Five Books Moses

- 초판 인쇄   2008년 11월 20일
- 초판 발행   2008년 11월 20일

- 지 은 이   한만봉, 김두홍, 김덕성
- 펴 낸 이   채종준
- 펴 낸 곳   한국학술정보㈜
              경기도 파주시 교하읍 문발리 513-5
              파주출판문화정보산업단지
              전화 031) 908-3181(대표) · 팩스 031) 908-3189
              홈페이지 http://www.kstudy.com
              e-mail(출판사업부) publish@kstudy.com
- 등   록   제일산-115호(2000. 6. 19)
- 가   격   24,000원

ISBN   978-89-534-5962 8 58370 (Paper Book)
       978-89-534-5963-2 98370 (e-Book)